LES

FEMMES BLONDES

2970

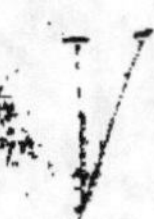

39082

Tiré a petit nombre sur papier vélin :

5o ex. sur papier raisin vergé.

6 ex. sur peau de vélin.

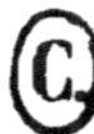

De l'Imprimerie Bonaventure, Ducessois et Cie
Quai des Augustins, 55.

LES
FEMMES BLONDES

SELON LES PEINTRES
DE L'ÉCOLE DE VENISE

PAR DEUX VÉNITIENS

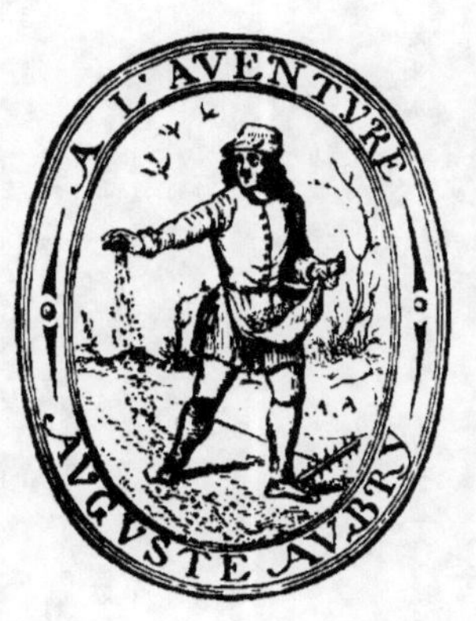

PARIS
A. AUBRY, LIBRAIRE-ÉDITEUR
RUE DAUPHINE, N° 16

M DCCC LXV

1865

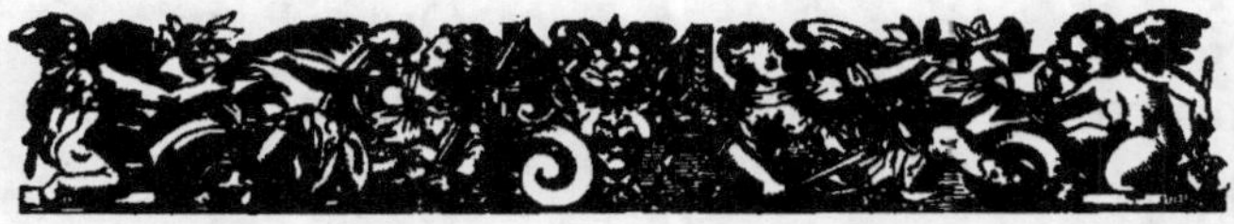

LES

FEMMES BLONDES

I

Blonds cheveux, sourcils bruns, front vermeil ou pâli,
Dante aimait Béatrix, — Byron la Guiccioli.

Alfred de Musset, Mardoche.

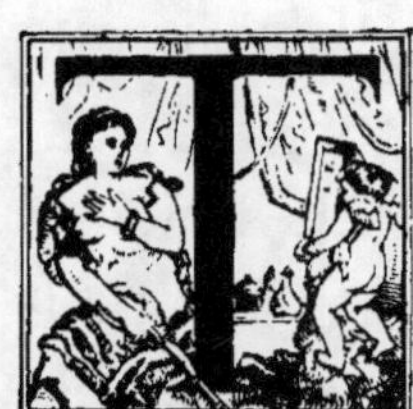andis que nous vivons enterrés sous la poussière des morts, dans les archives de Venise, ou rêvant sur le Grand Canal dans une paresseuse gondole, est-il bien vrai qu'il se prépare à Paris des révolutions? Est-il bien vrai que de belles Françaises menacent de renouveler les antiques

métamorphoses de messer Ovide? qu'à un nouveau voyage à Paris (on y laisse toujours un peu de son cœur) nous soyons exposés à une perturbation inexprimable dans nos plus chers sentiments comme dans nos admirations? à ne plus retrouver enfin que des Blondes où nous avons laissé naguère soit des Brunes piquantes, soit un aimable mélange de Blondes et de Brunes et de chevelures à nuances intermédiaires? On nous l'écrit : le faut-il croire? Quelle fée mauvaise et dépite, fiévreuse d'un flux et reflux d'inconstance, a, d'un coup de baguette, opéré ces transformations étranges?

On rapporte que, nommé ambassadeur à Venise, le galant abbé de Bernis, « Babet la Bouquetière; » tout parfumé encore des senteurs de l'Œil-de-Bœuf, et les poches pleines de petits Amours, donnait vacance à la politique et cherchait, sous le masque, quelques beaux types de Blondes, — non plus de ces Blondes suaves et délicates, roses et blanches, comme il en fleurit en France, en Allemagne, en Scandinavie, en Angleterre surtout, cet *El dorado* des Blondes, où le mot *fair,* blonde, est synonyme de belle (« l'Angleterre, dit le poëte, est un nid de cygnes au milieu des eaux »), — mais de ces Blondes fameuses, de teintes si chaudes et si variées, des peintres de l'École vénitienne, depuis Carpaccio. Et de fait, à en croire toutes les œuvres de ces maîtres, Venise n'aurait été qu'un vaste paradis de Blondes, à partir des tons cendrés et clair de lune les plus fins jusqu'aux nuances rosées voisines du rouge brillant et cru. Et cependant, aux yeux de notre abbé poupin, la Blonde, qui éclôt partout à son heure, était rare comme le sont à Venise les jardins et les fleurs ; et il s'étonnait de n'y guère rencontrer que de ces belles filles du soleil à magnifiques chevelures roulant des flots d'ébène. Celles-là, il est vrai, avaient bien leur prix : qui mieux que lui le savait ? Mais enfin, il était en quête des splendides et plantureuses créatures couronnées d'or par les illustres peintres de la Reine des lagunes, et peut-être, en une telle disposition de Bernis, le beau Corbeau noir du Régent[1] n'eût-il, alors, obtenu de l'abbé que des dédains. Il savait par cœur son Voiture et son Sarrasin ; mais il voulait mieux que la Lionne Paulet[2] ; et toute sa poésie était désorientée. Il

1. Le duc d'Orléans appelait ainsi l'une de ses maîtresses, la brune marquise de Parabère.

2. Mademoiselle Paulet, née vers 1592, morte en 1651, était une fort belle fille, une précieuse de vaillant esprit, quelque peu galante, fort goûtée à l'hôtel de Rambouillet, fort célébrée par les poëtes du temps. *Elle avoit beaucoup de vivacité*, suivant Tallemant des Réaux, le chroniqueur salé des ruelles de ce temps ; *elle étoit jolie, avoit le teint admirable, la taille fine, dansoit bien, jouoit du luth, et chantoit mieux que personne de son temps. Mais elle avoit les cheveux si dorés qu'ils pouvoient passer pour roux... L'ardeur avec laquelle elle aimoit, son courage, sa fierté, ses yeux vifs et ses cheveux trop dorés lui firent donner le nom de* LIONNE. » Voiture, écrivant au cardinal guerrier La Valette, et lui parlant d'une colère de l'héroïne de la *Guirlande de Julie*, mademoiselle de Rambouillet, et de son amie la fauve Paulet, les peignait comme deux lionnes du Désert : « *Mademoiselle de Rambouillet et mademoiselle Paulet s'en hérissèrent toutes et en rugirent horriblement.* » Nombre d'autres lettres de Voiture à mademoiselle Paulet elle-même sont pleines d'allusions à ce surnom : « *De Gibraltar*, lui écrit-il (lettre 38), *j'ai résolu de passer à Ceuta et d'aller voir le lieu de votre naissance et ceux de vos parents qui règnent dans les déserts de ces pays-là .. Je leur dirai de vos nouvelles.* » Et ailleurs (lettre 40) : « *J'envoie demain des cartels aux Mores de Maroc et de Fez, où je m'offre à soutenir que l'Afrique n'a jamais rien produit de plus rare ni de plus cruel que vous. Après cela, Mademoiselle, je n'aurai plus rien à faire ici que d'aller voir vos parents... A ce que j'entends, ce sont gens peu accostables ; j'aurai de la peine à les trouver. On m'a dit qu'ils doivent être au fond de la Libye... On en vend ici de jeunes qui sont extrémement gentils, et j'ai résolu de vous en envoyer une demi-douzaine, au lieu de grands d'Espagne... En jouant, ils emportent un bras ou une main à une personne ; et après vous, je n'ai jamais rien vu de plus agréable.* »
Une autre fois, il lui envoie des lions de cire rouge, et sa Minerve

lui fallait au moins la belle Lavinia du Titien du Louvre, dût-il lui tenir son miroir. Il lui fallait la femme du tableau de *l'Astrologue* du Giorgione de la galerie Manfrini[1], ou bien cette belle personnification de Venise, aux yeux d'un bleu limpide, rayonnant au plafond de la salle du Grand Conseil dans le palais des Doges, par Paul Véronèse : Venise triomphante et couronnée, étalant un corps superbe où rien ne ment,

Et qui laisse à demi, sur son front orgueilleux,
En longues tresses d'or, tomber ses blonds cheveux [2].

se surpasse en bel esprit auprès de la Lionne. A son tour, Sarrasin, lui adressant des vers, ne craint pas, tant c'était dans la langue de convention du temple des Précieuses, de l'apostropher ainsi :

Reine des animaux, adorable Lionne,
Dont la douce fureur ne fait mourir personne,
Si ce n'est que l'Amour se serve de vos yeux.

1. D'après les données que nous avons recueillies sur la personne de Lucrèce Borgia, nous sommes persuadés que cette femme la représente. En effet, le tableau en question, qui a été peint pour la maison d'Este, dont il porte les armes, représente un astrologue assis, à droite, dans un beau paysage, et y étudiant la sphère, un compas à la main. A gauche, une femme, vêtue de blanc, légèrement penchée vers un enfant couché par terre, le montre à l'astrologue qui tire son horoscope. C'est Lucrèce avec son fils qui fut depuis Hercule II de Ferrare, et devint le mari de Renée de France, fille de Louis XII. Le tableau, après avoir longtemps décoré la galerie Manfrini, à Venise, a passé, depuis deux ans, en Angleterre.

2. ALFRED DE MUSSET.

Il lui fallait, en pleine gloire du blond, ou les belles jeunes femmes du Bonifacio ou du Pordenone, ou l'Ariane du Tintoret dans l'antisalon des ambassadeurs du Palais ducal; ou la sainte Barbe de Palma Vecchio, à Santa-Maria-Formosa; ou les sereines et naïves madones de Jean Bellin, de tons si suaves, si limpides et si doux; ou bien encore les nuances argentines et tendres, en quelque sorte lactées, de Pâris Bordone. Mais tout s'épanouissait autour de lui, dans l'ordre ordinaire de Mère Nature, semant, comme toujours, à pleines mains, les nuances diverses de la beauté, sans se soucier des caprices de l'art ni des vanités exclusives du monde. En somme, encore une fois, la Brune dominait accentuée : la Brune au prompt regard impérieux ou velouté, sensible ou souverain. En vain passait-il en revue les fêtes populaires de paroisses, nos anciennes *Sagre;* en vain cherchait-il d'un œil connaisseur, aux solennités si émouvantes de *La Sensa, della Salute* et *del Redentore*, ces fêtes qui soulevaient les populations entières, et faisaient sortir des quartiers vieux de Castello et de Canareggio les types, comme gardés sous verre, de l'antique Venise[1],—nulle Lavinia, ni dans les églises, ni dans les cercles, ni sous les mystères de la gondole, ni à la place Saint-Marc, où la beauté se manifestait, aux bons temps, comme une traditionnelle éclosion du sol. Presque nulle part un échantillon vivant de ces anciennes chevelures *flavescentes* dont pas une des femmes de la Cène de Paul Véronèse, à l'église de Saint-Georges, aujourd'hui dans la tribune du musée du Louvre, ne fût décorée, comme les autres créations féminines du maître.

Le secret de ces transformations, fallait-il le soupçonner dans un caprice exceptionnel de la nature? Non assurément; il le fallait chercher dans les variations de la mode où se jouent les femmes; dans une industrie de leur légèreté : « *Volubili insegne della legerezza donnesca*[2]. » Celles qui n'étaient pas

---

1. Voir sur la fête du Rédempteur et celle de l'Ascension (*la Sensa*, en notre dialecte), le premier n° de l'*Appendice*.

2. GHERARDO ROSSI : *Costumi di Venezia*. Les manuscrits de ce Rossi se composent de cent volumes de Documents et quarante

blondes s'étaient rendues telles par artifice, au xvi⁰ siècle. Les peintres vénitiens n'avaient fait que reproduire ce que, de leur temps, on avait incessamment sous les yeux; or, le plus souvent, on avait des apparences, on avait des mensonges produits par des teintures habiles, où l'œil même d'un amant se fût trompé : — miracles de droguistes et de parfumeurs. De quoi ne s'avise la mode?

Ce n'est pas, bien entendu, que çà et là, il n'apparût à l'horizon de la beauté, quelques femmes blondes. Le blond hardi est même assez commun dans la Lombardie. Allez plutôt à la fête de la Madone de Septembre, à l'église de Saronno, près de Milan, où sont les admirables fresques de Bernardino Luino et de Gaudenzio Ferrari, toutes pleines de vierges et de matrones aux cheveux de blond historique, et vous serez tout surpris de retrouver

de Coutumes (*costumi*), déposés à la bibliothèque Marciana de Venise. L'auteur était conservateur adjoint des archives de cette ville, et il avait aidé le célèbre conservateur Marini à les tirer, vers 1815, du désordre où elles étaient tombées. Ce sont la connaissance approfondie qu'il avait acquise de ces archives et ses souvenirs personnels de la vieille République dont il avait vu les derniers soleils couchants, qui lui avaient permis d'écrire son recueil si riche en informations.

identiquement, dans la foule des fidèles *conta-dines*, les types consacrés par ces heureux peintres. Ce blond, on le voit poindre de même à Venise, mais beaucoup plus rare. Dans la Romagne, aux environs même de Naples, on a aussi quelques apparitions de filles blondes, mais des blondes d'un accent tout particulier. Musset ne l'a-t-il pas prouvé?

> .... *Il avait pour voisine*
> *Deux yeux napolitains qui s'appelaient Rosine.*
> *J'adore les yeux noirs avec des cheveux blonds,*
> *Tels les avait Rosine, — et de ces regards longs*
> *A s'y noyer ....* [1]

Entre les plus célèbres de toutes ces Blondes exceptionnelles, qui ne tenaient rien que de la nature, vient d'abord une femme d'élite, la charmante Béatrix d'Este, épouse de Louis le More, duc de Milan, dépossédé par Louis XII de France, Béatrix, une des touchantes figures de l'histoire :

> .... *Elle était pâle et blonde,*
> *Jamais deux yeux plus doux n'ont du ciel le plus pur*
> *Sondé la profondeur et réfléchi l'azur* [2].

1. Mardoche.
2. ALFRED DE MUSSET : *Lucie.*

Elle a été le charme, elle a été l'honneur du
duché de Milan, elle a été la gloire et la con-
solation de son malheureux duc; et les larmes amères qu'il a versées sur elle, les poignantes paroles qu'il a écrites quand elle fut
retournée vers Dieu, sont bien propres à faire
pardonner à ce prince les fautes et crimes de
son orgueil et de sa malencontreuse ambition.

C'est ensuite la belle Jeanne d'Aragon im-
mortalisée par le pinceau de Raphaël, et cette
Lucrèce Borgia, qu'une poésie trop peu res-
pectueuse de la vraie histoire s'est tant étu-
diée à avilir. Serait-ce vraiment une femme
affaissée sous le poids de plus de crimes qu'un
être humain n'en peut contenir, et cependant
l'idole des vers tout chevaleresques dans leur
élégance un peu froide, du brillant cardinal
Bembo, qui aurait mérité le superbe éloge, le
délicat portrait que lui consacre le loyal serviteur, sous les yeux du chevalier Bayart?
Après que les seigneurs de Montoison, du
Lude, de Fontrailles et le bon chevalier « sans
« paour et sans reprouche » furent rentrés
à Ferrare, à la suite de la glorieuse victoire

de la Bastide, ils reçurent les louanges les plus estimables de la femme de l'ami de François Ier, de l'illustre Alphonse, duc de Ferrare, de Lucrèce enfin :

« Sur toutes personnes, dit le loyal serviteur, la bonne duchesse, qui estoit une perle en ce monde, leur fit ung merveilleux recueil; et tous les jours leur faisoit festins et bancquets à la mode d'Italie, tant beaulx que merveils. Bien ose dire que, de son temps ne devant, ne s'est point trouvé de plus triumphante princesse, car elle estoit belle, bonne, douce et courtoise à toutes gens. Elle parloit espaignol, grec, ytalien, françois, et quelque peu très-bon latin, et composoit en toutes ces langues. Il n'est rien si certain que combien que son mary feust saige et hardy prince, ladicte dame, par sa bonne grâce, lui a rendu de grands et bons services [1]. »

Telle était cette Lucrèce Borgia que tous les ambassadeurs de Ferrare et de Mantoue s'ac-

---

1. *Chronique de Bayart par le loyal serviteur;* chapitre quarante-quatrième.

cordent à peindre de la plus exquise beauté, une divinité sur les nuages. Eh bien! elle avait les cheveux de teinte dorée si fort prisés des peintres vénitiens, si bien rendus par le Giorgion, si justement chantés par le Bembo, et qui semblaient, au dire de je sais quel autre poëte, « parfilés avec du soleil. » Ce Bembo, à qui elle en avait envoyé une mèche, déposée aujourd'hui comme une relique à l'Ambrosienne de Milan, ne pouvait guère se tromper : un cardinal est bien près d'être infaillible.

Mais que dire du témoignage d'un pape en faveur du blond? ne reste-t-il pas qu'à s'incliner? Or, lisez la charmante *Hystoire de Eurialus et Lucresse, vrays amoureux selon pape Pie II.* C'est là un témoignage vainqueur et sans réplique. Oui, le Siennois Æneas Sylvius Piccolomini lui-même, né le 18 octobre 1405, secrétaire du cardinal Domenico Capranica, au Concile de Bâle, tenu sous Eugène II, en 1431 ; cardinal en 1456, pape deux ans après, sous le nom de Pie II, composa en belle prose latine, vers 1444, cette

galante histoire, pendant qu'il était secrétaire
impérial, sous l'empereur Frédéric III. Pape,
il s'inscrivit comme tant d'autres, contre les
doctrines religieuses qu'il avait le plus vivement soutenues de sa parole et de sa plume,
en une autre fortune. Mais pas plus qu'A-
lexandre VI ne désavoua plus tard les œuvres
de sa faiblesse,—César et Lucrèce Borgia,—
Pie II, épris de tendresse pour une gaieté de
ses jeunes années, ne désavoua son roman,
jusqu'en 1464, époque de sa fin. Or, ce roman
n'est pas précisément une bulle pontificale, ni
une homélie sur le sacrement de mariage,
c'est plus proprement un écho amolli d'Ovide
et de Boccace. L'œuvre fut traduite, ou, pour
parler plus juste, imitée, au xv* siècle, en prose
italienne élégante, par le secrétaire de la République florentine, Alessandro Braccio, et il
en a paru deux versions françaises, l'une de
Millet, l'autre attribuée au bon évêque Octavien de Saint-Gelais, qui pratiquait plus dé-
votement les muses que son bréviaire.

Il serait trop long de développer ici la fable
légèrement charnelle de ce petit roman ; qu'il

suffise de reproduire le vif portrait que la plume d'Ænéas Sylvius a tracé de son héroïne quelque peu de sa famille, et dont il vante les cheveux dorés. « Elle était mariée, dit-il, à un homme fort riche, nommé Ménélas, indigne d'un tel trésor, et prédestiné à être trompé par sa femme, et, comme on dit, à ceindre son front d'une couronne de cerf, dix cors : *In familia Camillorum prædiviti viro Menelao nupto; indigno tamen cui tantum decus domi serviret; sed digno quem uxor deciperet et, sicut nos dicimus, cornutum quasi cervum redderet.* » — « Sa chevelure opulente resplendissait comme l'or; et au lieu d'être rejetée flottant en arrière sur ses épaules, à la manière des jeunes filles, elle était relevée et retenue avec de l'or et des pierres précieuses : *Comæ illi copiosæ, et aureis laminis similes, quas non more virginum retrofusas miserat, sed auro gemmisque incluserat*[1]. »

Dans un livre aussi rare que curieux de

---

1. Voir le texte de *Pie II*, formant le début de son *Histoire* dédiée à l'empereur d'Allemagne, au n° 2 de *l'Appendice*.

Nicolò Franco sur la Beauté et dédié à l'illustre marquise del Vasto, l'auteur peint une multitude de femmes dont il chante les charmes avec un enthousiasme si fécond en vives couleurs, si ardent en métaphores enragées, que le romantisme de nos jours est vaincu en hyperboles. Le livre est de 1542; et libre à tous, en le suivant pas à pas, de faire défiler devant le lecteur tout ce dont cette heureuse année put s'enorgueillir de femmes belles en Italie. Il vante surtout la chevelure, et insiste particulièrement sur ce qu'elle était dédiée au blond Phébus. Après avoir énuméré toutes les autres beautés chez la femme, il finit par nommer celles qui en ont offert le plus complet assemblage : et la Jeanne d'Aragon que nous nommions plus haut, et la Colonna Ascanio, et Caterina Anguissola, et la Julia Gonzaga, et la Morona, l'Hippolyta Borromea, et quatre de ces jeunes Pic de la Mirandole, étoiles lumineuses, dont deux, les Mirande de Brantôme, ont brillé à la cour de Catherine de Médicis, jeune encore. Puis, voici venir les plus beaux noms vénitiens : Maria Loredan,

« ce beau trésor dont l'infinie beauté est si grande que sa Venise en paraît embellie » ; Marietta Veniera, Marietta Pisani, « toutes deux phénix de la cité » ; Helena Barrozza, Laura Badoira, Laura Grimani, Marina Morosini, Marina Da Mosto, Lucretia Priuli, Lucretia Trevisani, Lucretia Pesaro, « cygnes blancs, vierges ailées, et qui seraient belles même au paradis. » Rencontre-t-il des blondes incomparables, telles que la Caterina Sacca et la Violante Provana, son lyrisme se surpasse : « Vouloir ajouter l'éloge à leur beauté, s'écrie-t-il, ce serait vouloir ajouter de l'eau à la mer, car les qualités de leur beauté sont telles que le jour emprunte de la lumière à leurs yeux ; l'harmonie prend de la douceur à la mélodie de leur voix ; le printemps ambitionne de s'enguirlander des fleurs de leur visage ; l'or aspire à l'éclat du blond de leurs cheveux ; l'ébène s'enorguillirait d'avoir le noir de leurs cils ; l'ivoire, la blancheur de leurs mains[1]. » Il eût pu célébrer encore la comtesse

---

1. *Dialogo di M. Nicolò Franco doue si ragiona delle Bel-*

de Sala chantée par le Tasse, « beauté par qui l'Amour triomphe et qui en porte la brillante couronne, non pas une couronne de vert laurier, mais de cheveux d'or, le plus divin ornement qui puisse parer un front :

> *Donna, per cui l'Amor triomfa, e regna,*
> *Nobil corona il crine à te circonde,*
> *Mà qual fia triomfale, e verde fronde,*
> *O' lucido oro, à cui l'honor convegna?*
> *A gran ragion da te si schiva, e sdegna*
> *Fregio men bel, che si ricerchi altronde,*
> *E l'auro sol di crespe chiome, e bionde,*
> *Può far corona, che di te sia degna,*
> *Questo s'auuolge in varie forme, e tesse,*
> *E la Fenice homai sola non fia*
> *Che per Diadema natural si vanti*[1].

Mais, encore une fois, toutes ces beautés étaient des merveilles de nature chez qui le mensonge de la teinture n'avait rien à faire. Le mensonge n'avait pour objet que de tenter

---

lezze. Alla Eccellentissima marchesana Del Vasto. Lettre L, 2. Le livre a été imprimé à Casal en Montferrat, chez Gioan Antonio Guidone. Avril 1542, petit in-8.

1. Page 30 des *Rime del sig*. Torquato Tasso, parte seconda. Brescia, M.D.XCIII.

de les égaler. Certes, le mystique Moyen Age qui attendait, chaque jour, en tremblant, le retentissement de la trompette du jugement dernier, ne se serait pas avisé de travestir les créatures de Dieu, en transformant des tresses noires en tresses blondes : c'eût été une profanation. Mais alors que la Renaissance, à la fin du xv⁰ siècle, dans cette Venise surtout, la métropole du luxe et le paradis des plaisirs, eut ouvert toutes les imaginations et donné carrière à toutes les tentatives ; quand le luxe éblouissant des étoffes eut allumé l'orgueil et l'ambition ; que l'alchimie eut redoublé d'ardeur à préparer ses arcanes précurseurs des triomphes de la chimie moderne, la folie des recherches extérieures, des excès dans la parure, tourna toutes les têtes. Les Blondes étaient les *raræ aves*, et trouvaient dès lors plus facile accès dans les cœurs. Toute femme voulut être blonde et prendre une première part à l'empire; toute Brune voulut mordre dans le fruit et se transfigurer sous le tendre aspect de *l'Alma Parens,* la mère commune de toutes les générations humaines ; de la

blonde Cérès, le front ceint d'épis tremblants ;
de la blonde Vénus,

> *De Vénus Astarté, fille de l'onde amère,*
> *Secouant, vierge encor, les larmes de sa mère,*
> *Et fécondant le monde en tordant ses cheveux*[1].

Et de fait, les peintres, toujours un peu
païens, n'ont pas manqué de peindre blonde
notre première mère, comme ils peignaient
la mère des Amours. C'est également ainsi
que la fait naître, dans son *Paradis perdu,*
Milton le croyant[2]. C'est blonds que le grand
Alighieri fait voltiger ses anges dans le pur-
gatoire[3]. C'est rayonnante de l'auréole de
tresses blondes que nous apparaît la Vierge
sous le pinceau de Raphaël. Winkelmann[4]
et Lavater donnent la prééminence au blond,
en leur qualité d'hommes du Nord. Les *Nie-*
belungen sont semés de Blondes ; et les poëmes
fantastiques d'Ossian, qui habitent les nuages,

---

1. ALFRED DE MUSSET. *Rolla ;* au début.
2. *Paradise lost,* canto IV. Voir à l'*Appendice,* p. 206.
3. *Purgatorio,* canto VIII, 34.

> *Ben discerneva in lor la testa bionda.*

4. *Monumenti antichi inediti, spiegati ed illustrati da* GIOV.
WINKELMANN.

2*

exaltent la Blonde, comme Callimaque a divinisé la chevelure dorée de Bérénice l'Égyptienne.

Il est même un Florentin du xvie siècle, le charmant poëte Messer Agnolo Firenzuola, auteur d'aimables et galants discours *sur la parfaite beauté de la Femme*, qui ne se contente pas d'admirer chez elle les cheveux blonds ; mais n'en admet pas d'autres, et pose en principe que la seule; la vraie couleur des cheveux de la beauté est le blond : « *E voi sapete che de' capegli il proprio o vero colore è esser biondi.* » Il en cite des nuances diverses ; mais, hors de ces nuances, point de salut. Et, développant sa pensée, il s'étend sur sa prédilection pour la chevelure en général. Il la veut fine, il la veut blonde tournant à la teinte de l'or, ou bien à celle du miel; il la veut ondulée et touffue, épaisse et longue; et là‑dessus, il invoque le témoignage d'Apulée, dont il traduit avec amour le passage suivant de la *Métamorphose* (liv. II) :

« Dans une femme, je ne prise rien tant que la tête et la chevelure. En public, c'est ma plus vive admiration; dans l'intimité, ma plus douce jouissance. Et n'ai-je pas les meilleurs motifs pour justifier ma prédilection? N'est-ce pas cette attrayante couronne du corps qui s'offre le plus en évidence? N'est-ce pas elle qui frappe en premier nos regards? L'éclat naturel de belles tresses n'est-il pas à la tête ce qu'est au reste de la personne l'attrait flatteur d'une brillante parure? Il y a plus encore : Que la beauté, à qui ne déplaît pas toujours une échappée de nudité, vienne, pour éprouver le pouvoir de ses dons et charmes naturels, à rejeter tous ses atours, à dépouiller tous ses voiles, et n'hésite point à se montrer dans le déshabillé de Vénus, elle est assurée de plaire davantage par l'éclat d'une peau vermeille que par l'or des plus riches tissus. Eh bien! de quelques attraits vainqueurs que vous la supposiez ornée, ôtez-lui (chose affreuse à dire! et nous préserve le destin de la réalité!) ôtez-lui l'honneur des cheveux qui ceignent son front, que restera-t-il? Cette émanation du ciel, cette fille de l'écume des mers, bercée par les flots amoureux, fût-elle Vénus, eût-elle pour cortége tout le chœur des Grâces, tout le peuple des Amours, en vain lui plût-il de s'armer de la divine ceinture et d'exhaler les parfums du cinnamome, avec les senteurs enivrantes de la myrrhe, ce ne serait après tout qu'une Vénus chauve, qui ne plairait à personne, pas même à son noir Vulcain.

« Que sera-ce donc, si la nature a donné aux cheveux le charme velouté d'une aimable teinte et d'un lustre éclatant qui en relève l'opulence ? Que sera-ce, s'ils scintillent et rayonnent aux feux du soleil, ou si de nuances molles, tendres et transparentes, ils varient leurs reflets prismatiques et nacrés au jeu de la lumière ? Tantôt ce sera l'or fondant son éclat dans les nuances adoucies du miel; tantôt l'émail d'un noir de jais qui rivalisera de teintes azurées avec la gorge des pigeons...[1] »

Puis Messer Firenzuola reprend sa thèse favorite des blonds cheveux, et que de belles choses ne dit-il pas encore sur ce propos !

---

1. *Opere di messer* AGNOLO FIRENZUOLA, *Fiorentino.* Édition de Milan, 1802, tome Ier, p. 65 et suivantes : *Secondo discorso della perfetta bellezza d'una Donna.*

Je ne sais qui, dans un moment de mauvaise humeur, s'est oublié à dire que la Brune n'est qu'un garçon adouci. Gratuite injure. La Brune a eu ses légitimes déités et son culte dans tous les siècles. Les Muses et Andromède dans son île des Cyclades[1], Sappho et Cléopâtre étaient brunes. Seulement, par luxe et peut-être pour faire ressortir ses tresses d'ébène, Cléopâtre aimait à s'entourer d'esclaves à cheveux blonds[2]. Au XVIIe siècle, le Bérolas du *Grand Dictionnaire des précieuses*, Bary, le précieux par excellence, qui n'a pas manqué dans son livre de l'*Esprit de cour*, de faire

---

1. L'antiquité donne aux Muses « des cheveux de violettes » (*Pythique* I, 2) : ἰοπλοκάμων Μοισᾶν κτέανον. C'est le beau noir à reflets bleus, le noir de l'aile de corbeau.

Quant à Andromède, Ovide dit, dans son *Art d'aimer* (chap. VIII, v. 191, 192) : « Le blanc sied aux Brunes ; et telle était ta parure, ô Andromède ! quand tu descendis dans l'île de Sériphe : »

Alba decent fuscas : albis, Cephei, placebas;
Sic tibi vestitæ pressa Seriphos erat.

2. LUCAIN, X, 127. Décrivant les splendeurs de cette reine qui a tant agité le monde, il disait :

Tum famulæ numerus turbæ, populusque minister :
Discolor hos sanguis, alios distinxerat ætas.
Hæc Libycos, pars tam flavos gerit altera crines,
Ut nullis Cæsar Rheni se dicat in arvis
Tam rutilas vidisse comas.

une conversation *de la belle coiffure*[1], vante avec enthousiasme une beauté brune comme la Sunamite. De son côté, le cavaliere Marino a chanté à sa manière une autre Sunamite, dans un de ses meilleurs sonnets que le *Recueil des Muses illustres* a imité. L'Éléonore de Parny, la Camille d'André Chénier étaient brunes. Il y a cent fois mieux encore. Elle était brune aussi, brune tout à la fois énergique et suave, cette noble et belle marquise de Pescaire, la Vittoria Colonna qui épancha son âme en vers si doux, et qui si longtemps voila sa magnifique chevelure sous l'habit de veuve. Alors qu'elle rendit sa vie au ciel, elle emporta, sans le savoir, le cœur respectueux de Michel-Ange, qui, voyant passer son convoi funèbre, s'écriait, en essuyant une larme : « Que ne l'ai-je baisée au front! » Non, non, ne disons pas de mal de la Brune, et plût à Dieu qu'un de ses beaux regards se tournât vers nous! Mais rendons nos hommages à la Blonde, et reconnaissons le charme indéfinissable qui

---

1. Dialogue XCII, p. 386.

lui assure ses triomphes. Les Grâces étaient blondes [1], et Callimaque ne leur accorde leurs attributs divins qu'en leur associant cette adorable blonde Bérénice dont il a mis la chevelure parmi les constellations [2] à côté de la

---

1. La Muse est conviée à louer Pythéas d'Égine pour être venu « au milieu du chœur des Grâces à la chevelure dorée, suspendre au vestibule d'Éaque les vertes couronnes de fleurs : »

Προθυροῖσιν δ' Αἰαχοῦ
ἄνθεαν ποιάεντα φέρειν στεφανώ-
ματα, σὺν ξανθαῖς Χάρισσιν.

(PIND. Od. Nem. V, derniers vers.)

Le même poëte loue les Grecs sur leurs blonds cheveux : « Ils étaient les plus grands des Grecs à la blonde chevelure : »

Ξανθοκόμαν Δαναῶν
ἔσσαν μέγιστοι.

2. CALLIMAQUE, *Épigr.* LX.
L'espèce de déification de la chevelure de Bérénice et, partant, de sa personne même, est une de ces légendes aimables et intelligentes que nous a léguées l'antiquité. On raconte que Ptolémée Évergète, partant pour guerroyer en Syrie, avait laissé son épouse Bérénice si fort dans l'inquiétude et dans les larmes, qu'elle avait fait vœu de consacrer sa chevelure à Vénus, si son mari revenait victorieux. Après le triomphe de Ptolémée, elle coupa tous ses cheveux et les suspendit dans le temple de Vénus Zéphyride. La nuit suivante, la chevelure avait disparu. Conon, l'astronome, sur la suggestion des prêtres du temple, soit dévotion ou flatterie pour la reine, soit politique, déclara que la chevelure, enlevée par Zéphyre, était devenue une constellation. Callimaque a consacré cette légende par un poëme dont on n'a plus que de rares fragments, mais dont la pensée, l'âme en quelque sorte, revit dans une séduisante traduction qu'en a laissée Catulle. Ugo Foscolo a fait tout un livre, avec charmante traduction en vers, sur ce petit poëme : *La Chioma di Berenice, poema di Callimaco, tradotto da Valerio*

couronne d'or détachée du front d'Ariane[1].
Psyché, cette personnification de l'âme humaine, était blonde, blonde comme l'aimait l'Amour[2]; blonde comme Minerve, protectrice de la chevelure[3]; comme l'Aurore aux

---

Catullo, volgarizzato ed illustrato da Ugo Foscolo, avec cette épigraphe tirée de la XXIIe épigramme de son auteur grec : « Il a modulé des chants supérieurs à la calomnie : »

'Ο δ' ἥεισεν κρείσσονα βασκανίης.

(*Milano,* dal genio tipografico MDCCIII.)

Les notes de ce livre sont très-bien faites et réellement savantes. Il y en a une sur les Blondes dans l'antiquité et en Italie, qui nous a beaucoup abrégé la besogne.

1. Catul. 59e vers et suivants de son poême *De Coma Berenices :*
« Afin que la couronne d'or détachée du front d'Ariane ne fût pas seule à briller dans les régions du ciel, Vénus a voulu qu'on vît étinceler aussi mes tresses blondes, ces dépouilles de la tête consacrées aux dieux. »

> *Scilicet in vario ne solum limite cœli*
> *Ex Ariadneis aurea temporibus*
> *Fixa corona foret ; sed nos quoque fulgeremus*
> *Devotæ Flavi verticis exuviæ.*

La *couronne d'Ariane* se compose de neuf étoiles, et est située près du Bootes ou Bouvier, à son épaule gauche.

2. « Il aime les miroirs et les teintes blondes de la chevelure. »

Φιλεῖ κάτοπτρα, καὶ κόμης ξανθίσματα.

C'est un vers d'Euripide dans sa *Danaë,* fragment conservé par Stobée, *Antholog.,* LXIV, 5.

3.   *Est mihi sitque, precor, flavæ tutela Minervæ.*
(Ovid., *Trist.* I, *Eleg.* X, 1.)

> *Quid, si præripiat flavæ Venus arma Minervæ ;*
> *Ventilet accensas flava Minerva faces.*
(Id., *Amor.,* El. I. 7.)

éternels doigts de rose; blonde comme la Fortune, comme Flore et Pomone; comme l'Ariane et l'Europe d'Ovide [1]; l'Atalante d'Élien et le jeune guerrier de Stace [2]. Le choix de ces allégories aimables de l'antique mythologie prouve tout le cas que nos pères les Grecs et les Romains faisaient des Blondes. Homère et Virgile, Horace et Catulle, Tibulle et Properce les ont chantées. Cette insolente Phryné, qui gagnait ses procès rien qu'en laissant tomber ses voiles devant le tribunal d'Athènes, avait l'audace d'être blonde, de même que la Vénus, l'Achille et l'Ulysse de l'*Iliade* et de l'*Odyssée*, la Cassandre d'Euripide, ce poëte si prodigue de cheveux blonds; la Didon [3] et la Lavinia désespé-

---

1. Ovid., *De Arte amandi*, I, 530; *Fast.*, V, 609.

2. Elian., *Hist. var.*, XIII, 1. Stace, *Thebaid.*, IV, 262.

3. « Alors frappant trois et quatre fois son beau sein, et arrachant ses blonds cheveux.. ... »

> *Terque quaterque manu pectus percussa decorum*
> *Flaventesque abscissa* comas; ...
> * (*Æneid.*, IV, 589-590.)

« Proserpine ne lui avait pas encore enlevé le cheveu d'or fatal, et n'avait pas encore dévoué sa tête aux ténèbres de l'Orcus. »

> *Nondum illi* flavum *Proserpina vertice* crinem
> *Abstulerat, Stygioque caput damnaverat Orco.*
> (*Ibid.*, 698.)

rées[1] de Virgile; de même que le furent et l'amie de Tibulle[2] et la Cynthie de Properce[3], comme le furent les préférées d'Ovide[4], la Phyllis, la Chloé et la Pyrrha d'Horace[5], la Lydie et la Gentia de Gallus.

Et puisque le laurier de Virgile, de Lucrèce

---

1. « Lavinie la première arrache de sa main ses blonds cheveux et déchire ses joues de rose. »

Filia prima manu flavos *Lavinia crines,*
Et roseas laniata genas.   (*Æneid.*, III, v. 6o5.)

Au viiie livre, vers 656, Virgile dit encore :
« On reconnaissait les Gaulois à leur blonde chevelure, à leurs vêtements dorés, à leurs sayes rayées, aux colliers d'or qui ceignaient leurs cous blancs comme le lait. »   .

Aurea cæsaries ollis, atque aurea vestis;
Virgatis lucent sagulis; tum lactea colla
Auro innectuntur.

2. « Non, ce n'était point l'effet d'un sort : la beauté de Délie, et ses bras caressants, et l'or de sa chevelure, voilà au vrai quel était le charme. »

Non facit hoc verbis; facie tenerisque lacertis
Devovet, et flavis *nostra puella* comis.
                    (TIBUL., lib. I, El., v, v. 43-44.)

3. « Elle a une chevelure blonde, les doigts effilés, la taille élevée, et sa démarche la rendrait digne même d'être la sœur du maître des dieux. »

Fulva coma est, longæque manus, et maxima toto
Corpore; et incedit vel Jove digna soror.
                    (PROPERT., l. II, Éleg. II, v. 5-6.)

4.   *Forma placet, niveusque color, flavique capelli,*
Quique aderat nulla factus ab arte decor.
                    (OVID., *Fast.*, II, 763.)

5.   Quel est, dis-moi, quel est ce bel adolescent,

et d'Horace n'avait point épuisé le sol qui vit naître Dante, Pétrarque, Boccace, l'Arioste et le Tasse, ceux-ci ont paru qui ont continué pour les Blondes un chant d'amour. Blondes étaient et la Béatrix de l'Alighieri[1], et

---

> Qui pour toi se parfume et de fleurs se couronne;
> Qui, sous ces antres frais, de son bras caressant,
> *Pyrrha, te presse et t'environne?
> Simple, mais avec art, de l'or de tes cheveux,
> Pour qui relèves-tu les tresses vagabondes?

> *Quis multâ gracilis te puer in rosâ,*
> *Perfusus liquidis urget odoribus,*
> *Grato, Pyrrha, sub antro?*
> *Cui flavam religas comam*
> *Simplex munditiis.*
>
> HORAT., *Od.*, l. I, od. v.

Phyllis, belle esclave de Xanthias Phoceus, est citée, livre II des *Odes*, ode IV, v. 13-14 : « Qui sait si Phyllis n'a pas eu de nobles parents qui feraient l'orgueil de leur gendre? »

> *Nescias, an te generum beati*
> *Phyllidis flavæ decorent parentes.*

Voir pour Chloé l'ode IX du livre III :
« Si je fuyais la blonde Chloé, et que ma porte se rouvrît à Lydie dédaignée. »

> *Si flava excutitur Chloe*
> *Rejectæque patet janua Lydiæ.*

1. *E farei volentier, siccome quelli*
Che ne' biondi capelli
Ch' Amor per consumarmi increspa e dora
Metterei mano, e sazieremi allora.
(Canzone *Così nel mio parlar volio esser aspro*, stanz. 5.)

Et cette autre *Canzone* plus explicite et plus éloquente encore, où il fait le portrait de Béatrix :

la Laure de Pétrarque[1]. Le Tasse a couronné
de poésie le brillant trio de Blondes de sa

> *Io miro i crespi e li* biondi *capegli,*
>   *De' quali ha fatto per me rete Amore.*
>
> . . . .
> *Oimè, perchè non sono*
>   *A sol a sol con lei, ov' io la chieggio;*
>   *Sicch' io potessi quella* treccia bionda
>   *Disfarla ad onda ad onda;*
>   *E far de' suoi begli occhi a' miei due specchi,*
>   *Che lucon sì, che non trovan parecchi.*
> *Poi guardo l'amorosa, e bella bocca,*
>   *La spaciosa fronte, e il vago piglio,*
>   *Li bianchi diti. e il dritto naso, e il ciglio*
> *Pulito e brun talchè dipinto pare.*
>   (Canzone Iª de libr. v.)

1.   *Qual fior cadea sul lembo,*
> *Qual su le* treccie bionde
> *Ch' oro torbito, e perle*
> *Eran quel dì a vederle.*
>   (Canzone XXVII : *Chiare, fresche, dolci acque.*

> . . . .
> *Tessendo un cerchio à l'oro terso, e crespo.*
>   (Sonetto CXXVIII : *Amor, et io si pien di maraviglia.*)

Dans nombre d'autres pièces, il célèbre les blonds cheveux de sa
Laure. Ainsi dans la canzone LXI :

> . . . . *e i tuoi lacci nascondi*
> *Fra i* capei *crespi, e* biondi.

Et dans le sonnet LI :

> *Amor, che dentro à l'anima bolliva,*
>   *Per rimembranza de le* treccie bionde.
> *Mi spinse* . . . .

Et surtout encore dans le sonnet LXX :

> *Erano i* capei *d'oro à l'aura sparsi,*
> *Che 'n mille dolci nodi gli avolgea,* . . . .

Jérusalem : Armide, Herminie et Clorinde ;
il a répandu, avec ses larmes, les fleurs d'or
de ses plus admirables vers sur cette fatale
Blonde, la Léonora d'Este, qui jeta son blason
entre elle et le cœur du poëte.

Les vers si doux et si blonds de Racine ont
voulu consacrer une Esther blonde, et la première actrice de Saint-Cyr qui joua ce chaste
rôle sous les yeux de Louis XIV et de madame de Maintenon, cette séduisante jeune
fille qui devint la marquise de Caylus et le modèle de la grâce et de l'urbanité française, était
blonde comme les blés. La Blonde transparente, qui scintille aux rayons du soleil,

Mille trahens varios adverso sole colores [1] ;

la Blonde aux tresses ambrées comme le vin
de Sillery petillant dans les verres, n'a cessé,
depuis le commencement du monde des chanteurs, de leur fournir des refrains harmonieux
et d'inépuisables thèmes. Les Brunes, qui ont
aussi leur royauté, ont eu le bon esprit de mêler

---

1. Virg., *Æneid.*, IV, 701.

leurs voix à ces voix ou de laisser dire. Une
carnation unie et mate, un teint chaud, comme
doré par la lumière, un œil profond à jets
de flamme, un front couronné d'une forêt
de cheveux noirs ondulés : C'est la beauté
de Junon en son Olympe; le partage est
assez beau. Mais voyez descendre sur son
nuage cette autre divinité radieuse, à la peau
blanche comme un lis, au teint frais et vermeil comme l'œillet, aux lèvres enflammées
de rose, aux cheveux d'or, au long regard
bleu, qui vient, ceinture dénouée, vous présenter son pied de marbre à baiser, et vous
avouerez que le jugement de Pâris est la loi du
monde, et vous donnerez raison aux peintres
vénitiens qui ont consacré des apothéoses aux
blondes mortelles.

Les peintres n'avaient reproduit, disions-
nous, que ce qu'ils avaient sous les yeux. En
effet, Titien n'était point homme à admettre
une peinture purement systématique et con-
ventionnelle. Arétin, le maître louangeur, a
porté jusqu'aux nues la frappante sincérité

des têtes de Titiano Vecellio, qui joint avec tant de bonheur la vérité vraie au plus grand caractère. De son côté, Spero Speroni, qui florissait en plein règne du Titien, a célébré son œuvre en paroles d'un tel enthousiasme qu'elles sont presque intraduisibles [1]. D'ailleurs, l'accord général des peintres de Venise à ne représenter que des Blondes atteste bien que, dans ce pays des Brunes, il n'était plus de Brunes. Être blonde était devenu un art, et ce qui d'abord, sous le Carpaccio, à la fin du xv* siècle, n'était encore qu'un rare caprice de la coquetterie, était devenu plus tard, sous le Titien et le Véronèse, le rêve et le besoin de la généralité des femmes vénitiennes. Les plus *sucrées* y passaient. L'espèce de consécration qu'ils y avaient donnée, à la fois effet et cause, avait réagi sur l'époque, et n'avait pu qu'encourager, chez les femmes, les menteuses transformations de la mode.

---

1. *Le Dialogi di M. S. Speroni.* Aldus, 1543, p. 25, 26 du *Dialogo d'amore.*

Tout voyageur, arrivant pour la première fois à Venise, avait dû éprouver le même étonnement que l'abbé de Bernis. Nous-mêmes, Vénitiens, pour nous rendre compte du passé comparé au présent, nous avions été tout naturellement conduits à l'étude des origines, des moyens et des résultats d'un tel épisode dans nos mœurs; et les documents, les témoignages de tout genre que nous avons recueillis, alors, à ce sujet, nous ont paru de nature à intéresser, aujourd'hui surtout, la curiosité publique en France.

Le premier témoignage qui nous soit tombé sous la main et nous ait mis sur la voie du secret de cette efflorescence d'innombrables Blondes, à la renaissance des arts, a été le livre d'un parent du Titien, les *Habiti Antichi e moderni* de Cesare Vecellio, dont la première édition est de 1589 : ouvrage charmant et précieux qui fournit aux artistes et aux curieux tant d'informations piquantes et que les meilleures bibliothèques veulent posséder. Une fois maîtres de cette première clef du grand arcane, nous avons été amenés promptement à la découverte de nouvelles et abondantes lumières, soit incidemment dans des livres de pure imagination, plus anciens ou plus récents, soit dans des recueils de costumes et de modes. En pareil cas, tout peut servir; le livre le plus indifférent peut fournir un renseignement inattendu. Il y a particulièrement de ces feuilles volantes de circonstance, de ces plaquettes fugitives, de ces feux follets d'imagination, de verve, de caprice et de fantaisie sur tel ou tel point des mœurs publiques ou particulières, échappés par hasard à la fosse commune du temps, qui deviennent tout à coup des témoignages utiles, parce qu'ils sont des faits. Heureusement, la recrudescence des études historiques et littéraires porte, de nos jours, toute nation à remonter aux sources de son génie indigène. La beauté d'une foule de livres oubliés et les illustrations qui les décorent venant en aide, la mode s'est mêlée à l'étude. Du milieu de fades inutilités, on a trié une série d'ouvrages dignes de revenir sur la mer qui les avait engloutis. Les Aldes, les Marcolini, tous chefs-d'œuvre typographiques , prisés des hommes de goût, ont assuré le triomphe de cette nouvelle renaissance ; et le tact des bibliophiles , la curiosité des bibliomanes n'y ont pas seuls gagné. Tels ont fourni de merveilleux exemples aux typographes rénovateurs des caractères augustaux et des embellissements avoués par l'art délicat ; tels autres ont procuré des documents curieux pour l'histoire des variations du langage et jeté çà et là des éclairs de génie natif, révélé des tours neufs, des expressions trouvées, d'une vigueur qui frappe cŏmme en médaille les idées et les choses. D'autres encore, et ce sont ceux-là qui pourraient le plus nous servir ici, ont prêté des nuances piquantes au tableau des coutumes de nos pères, et, à travers ces vieilles murailles de papier, nous les entendons parler et vivre, chacun dans sa particulière individualité. Ainsi la *Célestine* espagnole, ainsi les œuvres de nos vieux Italiens : le spirituel et fantasque Anton Francesco Doni, le Dolce, Ortensio Lando, Nicolò Franco, Giuseppe Passi de Ravenne, et d'autres encore, nous ont permis de former un faisceau de preuves pour notre thèse.

Le plus précieux, comme aussi le plus ancien témoignage, est sorti d'un livre où l'on ne se fût guère attendu à rencontrer le moindre trait sur pareille matière, à savoir le *Songe de Polyphile*, du moine Colonna. Ce furent ensuite les étranges *Ragionamenti* de l'Arétin, puis Joàchim Du Bellay. Nous fîmes enfin d'abondantes moissons dans les livres pratiques de Giovanni Marinello, de Léonardo Fioravanti, du Rosetto, d'Alessio Piamontese, et dans les secrètes indications de certains petits manuscrits, confidents intimes des belles coquettes du xviᵉ siècle, échappés au naufrage des années[1].

Chemin faisant, nous rencontrions la confirmation de cette vérité banale qu'il n'est rien

---

1. M. Armand Baschet, dans un article publié par la *Gazette des Beaux-Arts*, n° du 15 janvier 1859, sur les *femmes blondes*, et intitulé *Chronique vénitienne du passé*, a relevé le premier, dans l'ouvrage de Vecellio, cet usage des femmes vénitiennes. Est venu ensuite, la même année, M. Édouard Fournier qui, en son second volume du *Vieux-neuf*, p. 204 et suivantes, a touché ce même sujet. A son tour, M. Feuillet de Conches, dans le second volume de ses *Causeries d'un Curieux*, chapitre des

de nouveau sous le soleil, et que tous ces apprêts de toilette, ces recherches d'atours, cet appareil de fards et de parfums, de baumes et de filtres, d'eaux secrètes et de teintures, étaient renouvelés de l'antiquité. Une érudition trop facile en accumulerait ici les preuves jusqu'à satiété. Libre à nous de remonter même à la Bible et de citer les transformations de chevelure des vierges choisies pour fournir une épouse au redoutable Assuérus en remplacement de la fière Vasthi répudiée[1]. Mais sans profaner les souvenirs sacrés de la

---

Coiffures, p. 218-221, a parlé des Blondes naturelles ou artificielles. Ce sont ces trois essais rapides que nous tentons de compléter.

Ugo Foscolo aurait ici trouvé sa place, si nous n'en avions parlé plus haut. Du reste, il ne s'est occupé que de Blondes naturelles.

Il paraît que l'article et l'estampe de Vecellio représentant une Vénitienne qui se blondit, avaient frappé lord Byron et que, dans une lettre de cet écrivain à sir Wm Hobhouse, en date du 1er novembre 1821, il aurait analysé le passage et y aurait trouvé l'origine sans réplique des chevelures rouges chez les Vénitiennes du xvie siècle. Malheureusement, M. Fournier qui cite cette lettre, donnée par lui comme inédite, n'en produit pas le texte, et n'indique non plus aucun moyen d'en constater l'authenticité. Un si grand caractère littéraire voulait être cité dans sa propre langue.

1. « Lorsque le temps de ces filles était venu, elles étaient présentées au roi, en leur rang, après qu'on eut fait tout ce qui était nécessaire pour augmenter leur beauté pendant l'espace de douze mois, se servant pour cela, pendant six mois, d'une onction d'huile de myrrhe, et, pendant les six autres, de parfums et d'aromates. » (*Livre d'Esther,* ch. xi, v. 12.)

Bible en sujet si frivole, rien de plus facile
que d'égayer la matière en traçant une es-
quisse de la toilette d'une dame romaine.
L'indiscrétion est pardonnable de si loin.
Qu'on se figure la belle matrone enveloppée
dans son *intusiata*, la robe intime du gynécée,
interrogeant son miroir de bronze poli et
s'inondant de parfums pour relever ses charmes, ou « réparer des ans l'irréparable outrage. » L'arsenal d'une coquette romaine
valait bien le luxe de toilette des beautés parisiennes les plus recherchées. Soyez assurés
que les instruments y étaient aussi multiples,
aussi délicats, aussi ingénieux. Interrogez
plutôt les ouvrages spéciaux sur la matière[1].
Tout un monde s'empressait autour de la
Romaine pour achever ses élégances, surtout
celles de sa coiffure. « On compterait plutôt,
disait Ovide, les glands d'un chêne touffu, les

---

1. On peut consulter Saumaise, Montfaucon, Winkelmann,
*Sabine, ou la matinée d'une dame romaine à sa toilette, à la fin
du premier siècle de l'ère chrétienne*, par CH. AUG. BŒTTIGER. On
a de ce dernier ouvrage une traduction française par CLAPIER.
Paris, 1813, in-4, *fig*. On trouve également d'excellentes informations dans le tome IV, pages 8 et 9 de la lettre XCIX de *Rome
au siècle d'Auguste*, par DEZOBRY. *Paris, Hachette*, 1836.

abeilles de l'Hybla, que les mille espèces de coiffures des femmes[1]. » C'était une œuvre. Le fer des *cinerarii*, des *ciniflones*, les doigts agiles des *calamistræ* en dressaient à l'envi le magnifique édifice. Il y fallait des soins délicats, des talents consommés ; et si parfois il arrivait, au dire de Martial, qu'un maladroit coiffeur, le réchaud allumé, fît perdre patience à une capricieuse, celle-ci lui jetait son réchaud à la tête[2]. Mais, en revanche, quels élans de reconnaissance pour l'esclave favorite dont l'adresse avait fait une artiste ! Vivante, elle était comblée de caresses et de présents, et l'affranchissement n'était pas loin. Morte, on lui élevait un cénotaphe, où la matrone consacrait les mérites de la défunte pleurée. Les inscriptions antiques de ce genre ne sont pas rares[3]. Mais l'un des soins les plus chers

---

1. *Art d'aimer*, chap. III, v. 149, et suiv.

2.   *Unus de toto peccaverat orbe comarum*
      Annulus, incerta non bene fixus acu.
      Hoc facinus Lalage speculo, quod viderat, ulta est,
      Et cecidit sectis icta Plecusa comis.
                    MARTIAL., II, 66.

3. Voyez le livre du marquis Francesco Eugenio Alessandrino GUASCO, président et conservateur du musée Capitolin : *Delle Orna-*

de la toilette des Lydie, des Cynthie, des Lalagé, était la teinture des cheveux, la transformation de la Brune en Blonde. Et de fait, à une certaine époque de l'empire, il n'était plus permis aux femmes qui se respectaient, moins encore à celles qui ne se respectaient plus, d'être brunes. Les unes se teignaient les cheveux, les autres faisaient tomber sous le ciseau leurs tresses d'ébène pour cacher leur vraie couleur « avec une perruque blonde : »

Et nigrum flavo *crinem abscondente* galero[1],

Tant le blond faisait fureur! tant les femmes se croyaient plus séduisantes sous la crinière des lions! tant les matrones un peu mûres croyaient refleurir d'une jeunesse nouvelle sous la figure piquante de blondes aux yeux noirs et même aux yeux bleus! Néron surtout avait accrédité cette mode en exigeant de Poppée qu'elle apparût en blonde et se

---

trici e de' loro uffizi ed insieme della superstizione de' Gentili nella chioma e della cultura della medesima presso le antiche Donne Romane. — Napoli, stamp. di Giov. Gravier, 1775.

1. JUVÉNAL, *Sat.*, VI, 23.

couvrît la tête de poudre d'or. Comme chez les modernes, les trois nuances recherchées étaient le blond ardent, *rutilus;* le blond doré ou fauve, et le blond cendré. Une poudre qu'on appelait *cendre* chez les connaisseuses, procurait la dernière teinte[1]. Les deux autres, celle de l'ambre et de l'or, s'obtenaient avec l'eau d'une rivière de la Calabrie, le Crathis, ou celle du Sybaris, cette autre rivière qui arrose les campagnes de Tarente :

Crathis, et huic Sybaris nostris conterminus arvis,
Electro similes faciunt auroque capillos[2],

disait Ovide, et ailleurs, faisant honte à une femme de ses drogues à teindre la chevelure :

.... Medicare tuos desiste capillos :
Tingere quam possis jam tibi nulla coma est[3].

Et cette opération, le plus souvent laborieuse, avait ses procédés divers, ses douleurs

---

1.   *Etiam ille pulvis quo utuntur*
          Puellæ cinis vocatur.

                              SERVIUS.

2. OVIDE, *Metam.*, XV, v. 315, 316.

3. *Les Amours*, premier vers de l'élégie XIV.

et ses dangers. Au succès de la recette qui était la plus efficace et la plus sûre, il fallait le concours du soleil. La tête baignée de la préparation voulue, les femmes se faisaient sécher aux rayons du midi[1], contrariant ainsi la nature et bravant les insolations et les désordres cérébraux.

Quelle était la préparation elle-même ? Pline l'encyclopédique, chez qui tout se trouve, ne pouvait nous le laisser ignorer. Il en donne en partie la composition. La Germanie fournissait ses simples ; la Gaule, ses savons en pâte ou liquéfiés composés de cendre de hêtre et de graisse de chèvre. Tantôt l'on employait le brou de noix, ou bien une poudre tamisée ; tantôt l'on usait d'un mélange d'huile de lentisque et de lie de vinaigre qui blondissait les cheveux en une seule nuit.

Ainsi, plus d'obstacles. « Si notre front se

---

1. Voir les observations du commentateur anonyme d'Ovide sur le premier des vers des *Amours* que nous venons de citer : *Plurimam autem partem consumit textura capillorum. Nam aliæ quidem medicamentis rubefaciendi vini habentibus* ad solem meridianum *capillos, ut lanarum coloribus, flavo inficiunt fulgore, propriam damnantes naturam....*

dénude avec l'âge, si nos cheveux tombent comme les feuilles au souffle de Borée, la femme, grâce aux herbes de la Germanie, verra sans crainte blanchir ses cheveux. L'industrie lui fournit une couleur souvent préférable· à celle que leur avait donnée la nature : »·

> *Nos male detegimur, raptique de tale capilli,*
> *Ut Borea frondes excutiente, cadunt;*
> *Femina canitiem Germanis inficit herbis,*
> *Et melior vero quæritur arte color*[1].

« Tel est le génie des femmes : *Ita est muliebre ingenium!* » disait le Napolitain Pontanus. Et comme si le grand art était complice de la manie de se rougir ou dorer la chevelure, les sculpteurs de l'antiquité doraient ou rougissaient celle de leurs statues [2].

---

1. Ovid., *Ars amandi*, ch. III, v. 161 et suiv.
2. Voir l'*Appendice*, n° 3.

I I

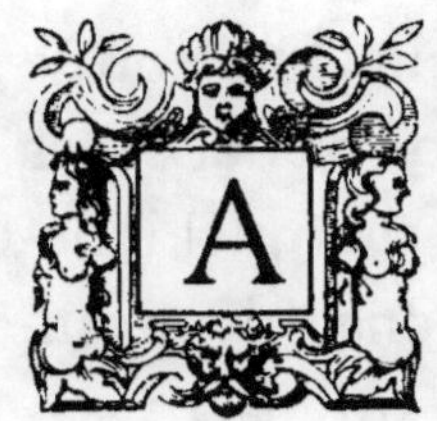

INSI, voilà l'antiquité surprise en flagrant délit. Il n'y a pas à s'y tromper ; elle prend perruque, ou se saupoudre d'or ou de cendre, ou bien elle se teint les cheveux au soleil pour se blondir. Elle se couche brune ou blanche pour s'éveiller blonde. C'est ce que tout à l'heure nous allons voir se pratiquer par la Venise des xvᵉ et xvɪᵉ siècles. Et là, nous retrouvons tout d'abord le plus ancien témoignage que

nous ayons évoqué, celui de l'*Hypneroto-
machia* ou *Songe de Polyphile,* roman italien du moine vénitien François Colonna.
La première édition italienne de ce livre,
tout semé de grec, de latin, voire de slave,
est sortie des presses de notre Alde Manuce.
Il n'y a que les heureux du siècle, le *happy
few,* comme disent les Anglais, qui possèdent cette bizarre curiosité, si admirablement
illustrée, de la vieille langue pédantesque
appelée depuis *stile fidentiano,* du nom du
plus ridicule des auteurs de ce genre de style,
le poëte Fidentio[1]. C'est, en somme, un traité
énigmatique d'amour et d'architecture, où se
mêlent étrangement les choses du ciel et celles
de la terre, où du sein de je ne sais quel indéfinissable galimatias, quel mélange de mysticisme et de notions savantes sur l'art, s'é-
chappent de jeunes accents d'amour, frais
comme le chant de l'alouette, comme le réveil
de la Juliette de Vérone.

Deux traductions françaises, imprimées, une

---

1. Pseudonyme de Camillo Scrofa, Vicentin.

par Kerner, en 1546 ou 1554, la seconde par
Didot l'aîné, en 1804[1], réimprimée par Bodoni,
en 1811, ne sont, à vrai dire, que des trahi-
sons glissant ou abrégeant aux passages les
plus aimables. Le chapitre premier du second
livre, tout parfumé de tendresses, nous peint
les deux héros de ce poëme en prose, Polyphile et la divine Polia[2], devisant par une
belle journée et racontant les premières pal-
pitations de leurs mutuelles amours. Fière de
sa noble et antique origine, celle-ci rappelait comme la ville de Trévise avait été
fondée par ses ancêtres ; et ensuite comme,
sans qu'elle y songeât, son Polyphile, son
bien-aimé, s'était pris pour elle d'une invin-
cible passion, elle disait :

« Je me tenais, selon la coutume des belles

---

1. Jean Martin, secrétaire du cardinal de Sénoncourt, le même
qui, sur l'ordre de François Ier de France, a traduit Vitruve et Léon
Battista Alberti, est l'auteur de la première version française, imprimée par Kerner. J. A. Legrand est l'auteur de la seconde traduction libre qui a eu deux éditions, la première chez Didot l'aîné,
à Paris, l'autre à Parme, chez Bodoni, en 1811. Il y a eu une version anglaise, en 1592, sous ce titre : *Polyphili Hypnerotomachia, the strife of love in a dreame,* by R. D. *London, for Simon
Waterson,* in-4.

2. Ippolita, Polita, Polia.

adolescentes, à la fenêtre ou plutôt au balcon
de mon palais. Mes cheveux blonds, mes
blonds cheveux, délices des jeunes filles,
delitie puellare, flottaient épars sur mes
candides épaules. *Tout baignées d'une ambroisie à les rendre aussi rayonnants que des
fils d'or, ils séchaient aux rayons de l'ardent
Phœbus.* Glorieuse de me servir, une femme
y passait un peigne avec des soins infinis.
Non, je l'ose dire, ni ceux d'Andromède n'ap-
parurent aussi beaux à Persée, ni ceux de
Photide à Lucius. Tout à coup Polyphile,
m'ayant aperçue, ne put détacher de moi ses
ardents et dévorants regards, et de ce moment
un rayon du soleil de l'amour s'alluma dans
son sein [1]. »

---

1. Io staua come alle uage adolescentule e cōsueto alla fenestra,
oueremēte al podio del palacio mio, cum gli miei biondissimi capelli, Delitie puellare, per le candide spalle dispositi, et dallam-
brosia ceruice dependuli. Quali fili doro rutilanti, alli radii di
Phœbo insolando siccantise ; gloriabonda accuratissima comente
gli pectinava. Dieque io ardisco di dire, che cusi belli a Perseo nô
a parueron quegli di Andromeda. Ne quegli di Fotide a Lucio.
Cusi ello cum intenti et mordaci risguardi accortose, sencia men-
suratione et cum incremento damore repente se accense.

(Lib. II, c. i, page 188 ; A. III, au *verso,* ligne 10
de l'édition *princeps.*)

Ne croirait-on pas entendre ces paroles de l'Euphrosine d'André Chénier ?

> *Je sais que je suis belle,*
> *Je sais qu'on ne voit point d'attraits plus désirés*
> *Qu'un visage arrondi, de longs cheveux dorés,*
> *Dans une bouche étroite un double rang d'ivoire,*
> *Et sur de beaux yeux bleus une paupière noire.*

Dans tous les cas, voici un premier témoignage, incident, il est vrai, mais positif, qui établit l'art et l'usage de se blondir les cheveux, « l'arte biondeggiante, » dans la seconde partie du xve siècle, puisque la préface du galant moine Colonna est datée des calendes de mai 1467, bien que le livre ait été publié seulement à la date de 1499[1].

---

1. Poliphilo. Hypnerotomachia, *ubi humana omnia non nisi somnium esse docet, atque obiter plurima scitu sane quam digna commemorat.* Tel est le titre du livre dont l'édition princeps a paru à Venise (mense decembris M.ID, in ædibus Aldi Manutii). Les Aldes en ont donné une seconde, en 1545.

Le thème de ce livre étrange, mais très-savant, en italien macaronique, est évidemment allégorique. Polyphile voit en songe des merveilles d'architecture : pyramides, obélisques, palais, labyrinthe, ruines imposantes, etc., et il les décrit dans ses récits. A tout cela se mêlent cinq nymphes. Art, philosophie, mysticisme, amour, tout s'amalgame, en style élégant et pompeux, le plus souvent obscur. Polia est la science occulte, les nymphes symbolisent les cinq sens, le labyrinthe est la vie humaine, etc.

Fra Francesco Colonna, qui fut un savant écrivain, antiquaire

Une petite facétie italienne [1], en vers, sur les *Malices des femmes*, probablement imprimée à Florence, à la même époque que le *Songe de Polyphile*, c'est-à-dire dans les dernières

---

et architecte, naquit, en 1433, à Venise, originaire d'une famille de Lucques, branche, dit-on, de la grande maison des Colonna. Il entra de bonne heure dans cet ordre des Dominicains ou Frères Prêcheurs qui a montré, à cette époque, un si grand goût pour l'architecture. Ce sont, en effet, des Frères Prêcheurs qui ont bâti la Santa Maria Novella de Florence ; et à côté de Colonna se place un autre Dominicain de Venise qui fut, comme lui, écrivain, architecte et antiquaire, l'illustre Fra Giocondo. Colonna mourut le 2 octobre 1527.

Le livre du moine est-il pure allégorie et jeu d'esprit, ou contient-il une histoire personnelle du cœur de ce religieux ? C'est ce qu'il serait difficile d'établir bien nettement. Toujours est-il que les premières lettres de ses trente-huit chapitres, assemblées, forment les mots qui suivent :

POLIAM FRATER FRANCISCUS COLUMNA PERAMAVIT.

On trouve sur ce moine une notice excellemment faite par le père Vincenzo Marchese, Dominicain, dans son livre intitulé : *Memorie dei più insigni pittori, scultori e architetti Domenicani*, tome I, seconde édition. *Florence, Félix Le Monnier*, 1854, chapitre xii, page 332 à 346. Conférez sur ce moine : *Il mistero dell amor platonico del Medio Evo derivato da misteri antichi, opera in cinque volumi di Gabriele Rossetti*, vol. III, p. 740 et sqq.

Nous aimons à saisir cette occasion de louer l'imprimeur Le Monnier qui fait tant d'honneur à la France, son pays, par l'activité de ses presses, lesquelles répandent à profusion dans le monde tant de bonnes éditions de nos classiques italiens et de livres usuels.

La dernière nouvelle qu'ait écrite Charles Nodier a pour objet François Colonna. Ce moine galant et mystique avait également attiré l'attention du regrettable Gérard de Nerval.

1. *Le Malitie delle Donne*. Sans titre ni frontispice, ni chiffres, ni réclames, ni nom d'auteur. Plaquette rarissime, in-8. Le seul

années du xve siècle, gourmande le beau sexe sur la manie de se blondir, et vient encore à l'appui du témoignage de l'*Hypneroto-machia*.

« Que dire, s'écrie le satirique, que dire de leurs tresses et de leurs cheveux que chacune d'elles veut incessamment reblondir, pour les rendre argentins et longs et superbes. Voyez-les plantées et prenant racine sur leur balcon tant que rayonne le soleil. Grâce aux soins qu'elles consacrent à leurs cheveux, est-il chose dans la maison dont elles se veuil-

---

exemplaire connu de l'édition à laquelle nous empruntons notre citation appartient au Mis Girolamo d'Adda, de Milan, un des bibliophiles les plus distingués et les plus instruits de notre époque. Cet exemplaire provient de la vente Libri, n° 1472 de son catalogue.

A la suite de la pièce les *Malitie* se trouve « le Gouvernement de la maison : *Il Governo della casa,* » 4 feuillets à deux colonnes.

Au xvie siècle, il parut à Paris une facétie française sous le même titre : *Les malices des femmes,* qui se termine par le sixain suivant :

> *Cy finit la malice des femmes*
> *Qu'est imprimé nouuellement,*
> *Et vous iure par mon serment*
> *Que plaisir leur deue3 faire souuent*
> *Pour auoir de la chemise le vent*
> *Et me reprene3 si je ment !*

Petit in-8, goth. de 8 ff. avec une figure en bois, au commencement.

lent occuper? Et puis elles se peignent, et puis elles se mirent, et puis elles se tiennent là trois heures à se sécher la tête :

> *Che diren di lor treȝe et di capelli*
> *Chognūa di lor rimbiŏdir li uole*
> *Perche sien biāchi et lūghi tāto belli*
> *Mai nō si parton se nō ua giu el sole*
> *Et per lo studio che mettono ī quelli*
> *Nullaltra cosa ī casa far nō uuole*
> *Et poi col pectinare e lo specchiarsi*
> *Stādo tre hore il capo arasciugarsi* [1].

Et plus loin[1].

« Leurs fantaisies ne sont que folie et vanité pour blondir leurs cheveux et appliquer leurs recettes. Et c'est dès l'aurore même qu'elles commencent à s'orner de carcans et de dentelles, de guimpes et collerettes gaudronnées, de mille affiquets étranges : voiles de soie et voilettes de dessus, et ceci et cela, nombre de modes nouvelles, s'étudiant sans relâche à se faire belles : »

> *Le lor uoglie son tucte paȝe et uane*
> *Per biondir e capegli et lor ricepti*

---

1. Second feuillet, première colonne.

Cominciādo per tempo la dimane
Di collane ueliere et di balzecti
A que rigogli et mille cose strane
Et uel di seta et di sopra uelecti
Et altre cose et molte altre nouelle
Studiando sempre mai di farsi belle[1].

Le mondain Joachim Du Bellay offre aussi, disions-nous, dans ses œuvres galantes, des témoignages incidents, mais tout aussi formels et précis, touchant la mode de se blondir au xviᵉ siècle. Il aimait à chanter les Blondes, et souvent elles illuminent ses vers. Dresse-t-il l'épithalame de Marguerite de France, duchesse de Savoie, il évoque un chœur de jeunes vierges conduites par les Grâces :

Leurs tresses blondoyantes
Voletoient ondoyantes
Sur leur col blanchissant;
Leurs yeux comme planètes,
Sur leurs faces brunettes
Alloient resplandissant.

Ces cheveux blonds avec faces brunes, ne serait-ce pas œuvre de l'art?

---

1. Id. *verso,* première colonne.

Et ailleurs, le poëte angevin entre deux fois directement en notre sujet. C'est d'abord dans sa *Courtisane repentie*, imitée du latin de P. Gillebert. Saisie un jour d'une amertume profonde, cette Madeleine rejette au loin toutes les pompes et œuvres mondaines. *Adieu donc*, s'écrie-t-elle:

> *Adieu donc, fards dont mon visage est peint;*
> *Boîtes où sont les couleurs de mon teint,*
> *Eaux et empoix dont la face on déguise,*
> *Craye, et céruse et biaque de Venise;*
> *Je prends de vous congé pour tout jamais,*
> *Je ne veux plus me peindre désormais;*
> *Ains dès icy abandonne l'usage*
> *Du fard menteur qui gâte le visage:*
> *De la beauté je me veulx contenter*
> *Que m'a voulu nature présenter,*
> *Et ne veulx plus, pour me faire plus belle,*
> *Changer par art ma forme naturelle.*

> *Plus de pincette et miroir je ne veulx:*
> *Adieu, le soin de friser les cheveux,*
> *Eaux et unguents par lesquels on efface*
> *Taches, rougeurs et rousseurs de la face,*
> *Ce qui déride et plus étroitement*
> *Serre la peau dessous le vêtement;*
> *Ce qui les dents convertit en ivoire,*
> *Et des sourcils la voûte rend plus noire.*

. . . .
Adieu vous dis, ô vous, herbes encore
Par qui le chef de jaune se colore.
Drogues, adieu ....

Dans la *Vieille Courtisane,* il dit aussi :

. . . . , ...
. . . Quant au soin où chacune se fonde,
De se farder, de se faire la blonde,
De se friser, de corriger l'odeur,
Serrer la peau, réchauffer la froideur,
Je n'en dis rien, pour estre telle peine
Commune encore à la dame Romaine[1]. »

On retrouve un nouveau témoignage indirect dans l'un des opuscules de cet étrange original du xvie siècle, Ortensio Lando, qui, sous le nom de Philalèthe Polytopiensis, a jeté au vent tant de feuilles légères plus curieuses les unes que les autres, pamphlets éphémères devenus rarissimes de nos jours. Décrivant, en 1535, les qualités et les défauts, les goûts et les caprices les plus saillants des femmes italiennes de la plupart des grandes villes de

---

1. *Divers leux Rustiques et avtres œvures poétiqves de* JOACHIM DV BELLAY, *Angevin.* A Paris, de l'imp. de Federic Morel, rue Saint-Jean-de-Beauuois, au Franc-Meurier. MDLX.

4*

la Péninsule, Lando en vient aux Vénitiennes et fait observer *qu'elles se plaisent à avoir les cheveux blonds,* et qu'elles possèdent un art infini à se rendre la peau blanche[1]. » Mais pour trouver des témoignages plus précis et plus développés sur l'art de transformer une Brune en Blonde, c'est Cesare Vecellio, c'est Marinelli, c'est Fioravanti, si célèbre par son baume, qu'il faut interroger.

Bien entendu, Vecellio, qui n'était qu'un dessinateur, n'a pas traité la matière *ex pro-*

---

1. Cet opuscule est intitulé : *Forcianæ Quæstiones, auctore Philalethe, Polytopiensi cive. Napoli, excudebat Martinus de Ragusia,* 1535, in-8. La seconde édition, de même format, eut le même éditeur napolitain, l'année suivante. La troisième a été donnée à Bâle, in-12, en 1541, chez Barthel. Westhmer. Il y en eut jusqu'à neuf, dont la dernière parut à Lucques, en 1763. Enfin, le conservateur des archives de cette dernière ville, M. Salvatore Bongi a réuni et publié tous les opuscules de Lando, il y a deux ans, et déjà son recueil est une rareté.

L'excellent libraire Paoletti qui, sur le Grand-Canal de Venise, attirait naguère les curieux nationaux et étrangers, et qui malheureusement s'est retiré du commerce de la librairie savante, a publié des *Forcianæ Quæstiones,* en 1857, une traduction italienne, dont il n'a imprimé que cent vingt exemplaires.

Comme Cicéron avait daté de sa villa de Tusculum ses entretiens philosophiques, « *Tusculanæ ;* » comme plus tard le savant évêque d'Avranches, Daniel Huet, datant un livre de sa retraite d'Aulnay, l'intitula *Quæstiones Alnetanæ,* de même Ortensio Lando, donnant à ses entretiens le nom de sa résidence à Forci, près de Lucques, les nomma *Forcianæ Quæstiones.*

fesso, dans son livre de Costumes antiques et modernes. Il n'a prétendu donner qu'une légende pour une planche, une explication de son dessin représentant la Vénitienne qui blondit sa chevelure :

LA DONNA CHE SI FA BIONDI I CAPELLI.

Mais il entre dans quelques détails, et il se hâte, car, dit-il dans sa préface : « les modes des dames étant exposées à des changements plus fréquents que les phases de la lune, j'ai toujours peur que, pendant que j'écris cette page, elles ne soient en train de changer de caprice, de sorte que j'arrive trop tard pour retracer le dernier en vogue. » La première édition, qui date de 1590, est plus complète pour le texte, la seconde est plus nombreuse en figures [1]. L'art en est charmant, et il a ce

---

1. Voici le titre de la première édition :
Degli habiti antichi et moderni di diversi parti del mondo Libri due, fatti da Cesare Vecellio, *et con discorsi da lui dichiarati. Con privilegio.* In Venetia, MDXC, presso Damian Zenaro. Elle a 499 feuillets et 420 gravures sur bois. La préface est du 9 octobre 1589.
La seconde édition est intitulée :
Habiti antichi e moderni di tutto il mondo, di Cesare Vecellio,

privilége, en touchant aux délicates folies de la plus belle moitié du genre humain, de les transformer et de les embellir.

« D'ordinaire, dit Cesare, les toits des maisons de Venise sont couronnés de petites constructions en bois, dont la forme est celle de belvédères à jour tout découverts. Sur la terre ferme, ces espèces de logettes se font en maçonnerie et se dallent comme celles qu'on appelle *terrazzi* à Florence et à Naples, et on

---

di nuovo accresciuti di molte figure. Vestitus antiquorum, recentiorumque totius orbis per Sulstatium Gratilianum Senapolensis latine declarati. In Venetia, M.D.XCVIII, appresso Gio. Bernardo Sessa. Cette édition a 507 feuillets et 503 costumes.

Comme nous l'avons dit, le texte italien y a été abrégé pour faire place à un texte latin rédigé par Sulstatius Gratilianus.

En 1664, il parut un volume in-8, seulement composé des estampes du Vecellio. Il est intitulé : *Habiti antichi ovvero raccolte di figure delineate dal Gran Tiziano, e da Cesare Vecellio suo fratello, diligentemente intagliate, conforme alle nationi del mondo. Libro utilissimo a Pittori, Dissegnatori, Scultori, Architetti e ad ogni curioso e peregrino ingegno. Dedicato all' Ill*mo *sign. Martin Vidman, conte di Ottemburgo, nobil Veneto.* In Venetia, 1664, per Cambi e La Noûe.

Dans ses préfaces, Cesare Vecellio ne s'était nullement vanté du concours du grand Titien, comme l'avance cette mauvaise édition abrégée. Elle se trompe également en faisant frères ces deux hommes : Cesare n'était que le cousin de l'auteur de l'*Assomption* et de la *Lavinia*.

M. Firmin Didot a donné, en 1859, un fac-simile, très-adroitement fait, de la première édition de l'original.

les recouvre d'un ciment de sable et de chaux pour les garantir de la pluie. C'est là que se tiennent si fréquemment les Vénitiennes et qu'on les voit autant et même plus que dans leurs chambres; c'est là que, la tête exposée aux ardeurs du soleil, pendant des journées entières, elles s'évertuent à augmenter leurs charmes, comme si elles en avaient besoin, comme si l'emploi assidu de tant de procédés connus de tous n'exposait pas leur beauté naturelle à n'être plus taxée que d'artificielle. Aux heures où le soleil darde ses rayons les plus verticaux et les plus cuisants, « cocente, » elles montent sur ces logettes de bois et se condamnent à y griller et à s'y servir elles-mêmes. Assises, elles baignent et rebaignent sans cesse leurs cheveux avec une éponge im-bibée d'une eau de Jouvence préparée de leur main ou achetée. Le soleil a-t-il séché la chevelure, vite elle la baignent de nouveau de la même mixture, pour la sécher encore au feu du ciel et renouveler sans repos le même manége. C'est ainsi qu'elles se rendent les cheveux blonds comme on les leur voit.

Quand elles se livrent à cette occupation, si importante, elles jettent par-dessus leurs vêtements un peignoir de soie très-blanc d'une grande finesse et légèreté, qu'elles appellent *schiavonetto*. En outre, elles se couvrent la tête d'un chapeau de paille sans fond, par l'ouverture duquel passent les cheveux qu'elles étalent sur les bords exposés au soleil pendant toute l'opération. »

Ce chapeau, servant de séchoir et à la fois d'ombrelle à protéger la nuque et le teint contre l'ardeur des rayons, s'appelait *solana*[1].

Tel est le sujet de la figure de Vecellio, et telle à peu près mot à mot sa légende explicative.

Vénitien, ses belles compatriotes lui tiennent au cœur. Il en médit, tant il les aime ! et il critique leur coquetterie. « L'inconstance, dit-il, et l'amour du changement qu'elles professent fit adopter un jour la mode des boucles frisées, partant de l'oreille pour aller recouvrir le front. Les tresses étaient renfer-

---

1. Cesare Vecellio, *Habiti*, etc., édition de 1590, page 145.

mées dans une petite coiffe. Ainsi atournées, les femmes s'imaginaient être belles à ravir. Pour relever leur chevelure, elles n'avaient trouvé rien de mieux que de la blondir. C'était à qui approcherait le plus près de la teinte de l'or. Cette coiffure fit imaginer des couronnes d'or et d'argent chargées de bouquets de lis et autres fleurs essorant en pierres précieuses du plus haut prix. Et cette mode, adoptée par les nobles Vénitiennes, dura près de vingt ans. »

Vingt ans ! mais c'est un siècle pour une mode ! Et qu'il parle donc d'inconstance, l'imprudent qui joue avec les tempêtes ! La mode de se blondir eut bien plus de durée encore. Non-seulement elle fut plus persistante ; mais, ainsi que nous le verrons tout à l'heure, elle envahit l'Italie entière, sinon toute l'Europe. On la retrouve à Rome, à Paris, à Naples. Elle commença par être portée dans les provinces, comme en dépose notre Vecellio quand il dit que les femmes des nobles élevés à la charge et dignité de gouverneurs de villes ou de provinces (les *podesta* d'alors, les préfets de nos jours) prenaient le même titre que leurs maris et se faisaient appeler *Podestaresse, Capitane,* etc., comme autrefois en France on disait : *Madame la Présidente, madame la Baillive et madame l'Élue.* Et des qualités extraordinaires entraînant une certaine représentation, ces dames affichaient en général une grande somptuosité dans leurs vêtements, atours et parures. Il ne leur fallait pas moins que de splendides damas de soie, que des brocarts d'or ou d'argent ; et enfin, comme le blond était d'uniforme, *elles avaient toujours des coiffures blondes,* soit naturelles, soit artificielles, semées de perles et de joyaux [1].

Ainsi donc, en ce temps de luxe effréné de la République, ce n'était pas assez de satisfaire le caprice de l'art de blondir, — une tête n'était pas suivant les formules de la mode, si elle n'était poudrée de perles du plus bel orient. Les perles, les pierreries étaient la passion et la ruine des familles. Les perles ruisse-

---

1. Voir Vecellio, p. 135.

laient dans la coiffure, couraient en rivières autour du cou et sur le sein, autour des bras et de la taille. La fureur des perles s'était répandue dans toute l'Europe, comme la fureur de se blondir : « Tenez, » s'écriait le Pape Borgia, Alexandre VI, ouvrant devant l'envoyé d'Hercule Ier de Ferrare, — dont la fille du Pape, la Lucrezia, allait épouser le fils,— un coffre rempli de perles, et y plongeant des mains fiévreuses : « tenez, tout cela est pour ma Lucrèce ! Je veux qu'elle soit en Italie la princesse qui ait les perles les plus belles et les plus nombreuses. » — Et de fait, pas de grande toilette qui ne fût emperlée ; pas de robe qui ne fût d'un brocart somptueux à fleurs, ou bien d'étoffes lamées d'or et d'argent qui le disputaient de renommée à nos verreries de Murano, si délicieuses et si charmantes. Mais à la fin, quelques mauvais esprits grondeurs lancèrent des follicules dans le genre du *Bref et utile discours* qu'Hiérosme de Chastillon fulminait en France *sur l'immodestie et superfluité d'habits, avec la déclaration du Roy sur la réformation des veste-*

ments[1]. On faisait aussi circuler une para-phrase de la *Remontrance charitable aux dames et damoyselles de France sur leurs ornements dissolus,* pour les induire *à laisser l'habit du paganisme et prendre celuy de la femme pudique et chrestienne; avec une élégie de la France se complaignant de la dissolution desdites damoyselles*[2]. Mais, à Venise comme en France, on laissait dire imprimés et sermonnaires, et le luxe allait son train. Du reste, il n'y avait rien là qu'on n'eût vu au xive siècle. Le vieux poëte chroniqueur Eustache Deschamps, l'écuyer-huissier d'armes de Charles V de France, n'a-t-il pas dit:

> *Et sces-tu qu'il fault aux matrones*
> *Nobles palais et riches trones,*
> *Et à celles qui se marient*
> *Qui moult tost leurs pensers varient.*
> *Elles veulent tenir d'usaige*
> *D'auoir pour payer leur mesnaige,*
> *Et qui est de nécessité,*
> *Oultre la possibilité,*
> *Vestemens d'or, de draps de soye,*

---

1. *Lyon, Sébast. Gryphius,* 1577, in-4 de 71 pages.
2. *Paris, Séb. Nivelle,* 1581, in-8.

Couronne, chapel et courroye
De fin or, espingle d'argent;
Et pour aller entre la gent,
Fins couure-chiefs à or battus,
A pierres et perles dessus;
Tissus de soye et de fin or.

Aussi, encore une fois, on laissait dire. Venaient les lois somptuaires : ou bien on les éludait, ou gaiement on payait l'amende pour mériter sur-le-champ d'en subir une autre.

Il faut voir encore dans notre Vecellio l'état qu'on faisait du grand décorateur de ces opulentes étoffes, de ces splendides brocarts, qui excitaient l'admiration des étrangers et les rendaient nos tributaires, lors de la foire ou exposition générale de ses produits dans la quinzaine de l'Ascension. Il n'y avait qu'une voix. C'étaient de ces étoffes brochées ou lamées qu'on appelait *ormesini, zendadi, soprarizi,* et qui éclataient par l'association des plus admirables couleurs. L'inventeur était un certain messer Bartholomeo Bontempele da Calice, Vénitien ingénieux à ravir, fort gentilhomme de manières et de procédés, grandement

5

chéri de la noblesse. Les princes le connaissaient, et envoyaient se pourvoir chez lui. Il était surtout en singulier honneur auprès du Sérénissime et Magnifique duc de Mantoue, et il fournissait jusqu'à la maison du Grand Turc[1].

A côté de cet homme de bien, l'on avait des tyrans de la mode, des faiseurs illustres, patriciens de l'aiguille et du ciseau. C'était par exemple un messer Giovanni qui tenait atelier tout près de l'église de San Lio, et qui secouait les pierreries et les perles sur les tuniques et les robes. La langue n'avait pas d'expressions assez sublimes pour porter aux nues ce miracle à étonner le monde; cet artiste de tant de richesse d'idées, de savoir profond dans l'art d'embellir, de tant de *doctrine,* comme on disait: « Uomo di tanta « esperienza e dottrina nell'arte che è cosa « da stupire il mondo[2]. » Il était le *raris-*

---

1. Cesare Vecellio, p. 139.
2. Voir Fioravanti : *Dello Specchio della Scienzia universale,* ch. IX, p. 26.

simo, l'incomparable pour prêter à la mode
ses inventions. Les gondoles des plus riches
fourmillaient à portée de son temple; si bien
que la Seigneurie prit l'alarme, défendit l'u-
sage des perles et jeta l'effroi dans le camp
des belles élégantes. Ce furent comme des es-
saims d'abeilles révoltés.

Les lois somptuaires, lois périlleuses et
trop tôt désobéies.

« Quand on veut changer ou innover dans
une république, disait La Bruyère, c'est moins
les choses que le temps que l'on considère. Il
y a des conjonctures où l'on sent bien qu'on
ne saurait trop attenter contre le peuple, et il
y en a d'autres où il est clair qu'on ne peut
trop le ménager. Vous pouvez aujourd'hui
ôter à cette ville ses franchises, ses droits, ses
priviléges; mais demain ne songez pas même
à réformer ses enseignes. »

Ainsi de la mode et des écarts du luxe,
justiciables du bon sens public et du ridicule, non des lois. Imprudent qui rétrécit
un galon doré, écourte les robes et prétend
discipliner les dentelles, les perles, le bro-

cart et la soie! C'est crever les outres des tempêtes qu'Ulysse savait si bien ménager. Et de fait, la Seigneurie était forcée de lever la prohibition en des occasions solennelles, par exemple à l'époque de la visite de souverains étrangers. On amassait pour ces temps de liberté, et comme alors les perles et les femmes se dédommageaient! Voyez plutôt la pompeuse réception faite en 1608, au duc de Savoie, et celle qui avait été consacrée à Henry III, en juillet 1574, quand il passa par Venise à son retour de Pologne. Ce même Vecellio, dans son livre si riche en renseignements sur les choses de mode et de luxe, donne une description de la fête fabuleusement splendide où furent présentés à ce prince les deux cents plus belles jeunes femmes dont pût se parer la République. C'étaient comme autant de Madones couvertes d'*ex-voto*, descendues de leurs châsses[1].

---

1. Voyez aussi un livre plus rare encore que celui de Vecellio : *Habiti d'Huomeni et Donne Venetiane con la Processione della Serenissima Signoria et altri Particolari, cioè Trionfi. Feste et Cerimonie publiche della Nobilissa Città di Venetia*, per Giacomo Franco, in Frezzaria, a l'insegna del Sole. La pièce de

Peut-être la planche où Vecellio a re-
présenté

LA DONNA CHE SI FA BIONDI I CAPELLI,
n'est-elle pas la mieux réussie de son livre.
Il en existait une plus ancienne et plus jolie
dans les Marbres, « *I Marmi* » de messer
Anton Francesco Doni le Florentin, dont la
première édition avait paru en 1552 [1].

ce livre qui intéresse notre sujet est des plus curieuses et a
pour titre : *Le Feste e Balli che la Serenissima Republica suol
fare di gentil Donne, di richissime gioie adornate per honorare
i Principi che a Vinegia talor capitāno.* Voir, à l'Appendice, la
description détaillée de ce recueil.

1. *I Marmi di Antonfrancesco Doni, accademico peregrino.*
'In Venegia, per Francesco Marcolini, 1552-1553, 4 parties, in-4º,
avec figures. — Ce livre est le meilleur de Doni qui a tant écrit.
L'imprimeur Marcolini, véritable artiste, était un des plus habiles
de cette époque où tant d'habiles se distinguaient. Ses éditions sont
généralement ornées de gravures sur bois, pour lesquelles il avait
un goût exquis. Il ne les composait pas ni ne les gravait lui-même,
comme on l'a dit; mais il dirigeait à merveille Joseph Porta Gar-
fagnino, dit le Salvialino, qui les dessinait, et les frères Krüger,
connus en Italie sous le nom de Guerra, qui les gravaient. Le livre
des *Habiti* de Vecellio donne là-dessus des détails. Marcolini, en
sa qualité de typographe de premier ordre et de lettré distingué,
faisait, comme nous l'avons dit plus haut, partie de l'Académie
degli Peregrini; il en a même été secrétaire.

Les *Marmi* ont été réimprimés à Florence en 1863. Bonne édition, mais laide.

Entre le baptistère de San Giovanni et le Dôme de Florence
étaient des escaliers de marbre dont le degré supérieur formait
une plate-forme; et, par les belles soirées, il s'y établissait des
entretiens comme sous les portiques de l'Académie, d'Athènes.

Ce Doni est un des curieux hommes sur lesquels on se puisse arrêter et dont la vie fut un roman, l'imagination une merveille, la fantaisie une folie spirituelle à ventre déboutonné. Né en 1513, il fut d'abord moine à Florence; puis, jetant le froc, il se mit à voyager, rechercha la société des peintres, des sculpteurs, des musiciens, des écrivains et fit parmi eux moisson d'idées nouvelles. Il vit Plaisance et Venise, Bologne, Padoue, Ancône et Pesaro, et sema partout ses inimitiés, ses jalousies, ses caustiques et ses bons mots. A Plaisance, il fut un des fondateurs de cette curieuse Académie des Jardiniers « Accademia Ortolana », dont chaque membre prenait un nom de botanique. Il s'y appelait *il Semenza*[1]. On a de lui des lettres

C'est par allusion à ces réunions que Doni a appelé du nom général de Marbres « *I Marmi* » ses *Ragionamenti* sous forme de dialogues.

1. Il fut plus tard des académies *degli Humidi* à Florence et *degli Peregrini* à Venise, réunions très-actives qui ont été fort utiles à l'éclaircissement des coutumes et à la promotion des bonnes lettres. Les magnifiques bibliothèques du Mis Trivulzio, du Cte Melzi et du Mis G. d'Adda, à Milan, possèdent une multitude de plaquettes précieuses ornées de bois délicieux, sorties de ces acadé-

au cardinal Farnèse, à Paul Jove, à Come Ier
de Médicis, à Girolamo Fava, dans lesquelles il se peint en pied d'une façon fort
piquante. Venise l'avait attiré en 1544, et
il y retourna plusieurs fois pour y vivre en
familiarité avec les beaux esprits et les grands
talents qui faisaient alors une Athènes de la
reine de l'Adriatique : le Dolce, l'Arétin, le
Titien, le Tintoret, le Sansovino, le Véronèse, Lodovico Domenichini le poëte, Francesco Marcolini l'imprimeur, et tant d'autres
qui composaient l'académie des Étrangers
« Accademia degli Pellegrini. » Ecrivain
bizarre et incorrect, mais plein de verve et
d'humeur, mais exquis parfois et toujours original et abondant, ce Doni est un des auteurs
italiens les plus utiles pour l'étude des mœurs,
des usages, des costumes. Ce qu'il a dit sur

---

mies. M. Salvatore Bongi, qui s'est donné la mission de réimprimer
quelques ouvrages rares du xvie siècle, a publié, avec une excellente
notice sur Doni, une reproduction des *Nouvelles,* parmi lesquelles
se trouvait un certain *Magnificat* que l'ami de l'auteur, l'imprimeur Marcolini, n'avait pas osé reproduire dans une seconde édition. M. Bongi n'a pas eu plus de courage; et de fait, à côté de
cette Nouvelle, la préface de la Maupin de M. Théophile Gautier
serait un *Credo.* Le Tintoret a peint Doni, Vico l'a gravé.

la mode de se blondir est de peu d'étendue;
mais son témoignage est certain, et l'estampe
qui l'accompagne et le rend plus clair encore
est charmante. Dans une anecdote racontée à
l'honneur du duc Alexandre de Médicis, du
genre de ces rapides récits que nos anciens appelaient *novellette*, il dit, parlant de l'héroïne:
« La jouvencelle étant occupée à se rendre belle
aux rayons du midi, sur l'un de ses balcons
exposé sur un jardin. *Essendo la fanciulla al
sole à farsi bella, sopra un suo poggetto, che
sporgeva sopra d'un horto*[1]. » La jeune fille
est représentée assise consultant son miroir.
Des vases, des flacons d'essences l'entourent.
Sa tête est coiffée d'un chapeau sans fond à
larges bords sur lesquels retombent comme
en pluie ses longs cheveux, et le soleil achève
en les séchant l'œuvre de la teinture. On eût
pu supposer que cette petite gravure n'avait
pas été exécutée expressément pour son livre
et qu'il y aurait encore un autre ouvrage à citer

1. I Marmi, *Ragionamento sesto,* p. 78 de l'édition originale
citée.

avant le sien; car, le plus souvent, il avait accoutumé de choisir chez Marcolini les plus jolis bois des publications de cet imprimeur, d'y adapter ses propres textes et de les insérer dans ses livres; mais nous n'avons retrouvé cette gravure nulle autre part. Ce qui, chez le dessinateur Cesare Vecellio était le principal, n'était chez Doni qu'un accessoire, mais il le' voulait de choix.

On pourrait citer encore une autre image du même genre dans un recueil peu commun intitulé : *Diversarum Nationum Ornatus*[1], tout composé de gravures, in-12. La planche 10 représente une femme vénitienne (*Femina Veneta*) se blondissant les cheveux. Elle est assise au soleil, la tête couverte du chapeau *solana*.

Si nous ne répugnions à fouiller dans les fanges trop lumineuses du trop célèbre Arétin,

---

1. Fabri Alexandri, *Patavini, Diversarum Nationum Ornatus, cum suis iconibus*. Padova, 1593, trois volumes in-8. — Le premier, qui comprend les costumes des Vénitiens et des Orientaux, contient cent quatre estampes. Le second volume en contient cent environ, et le troisième en renferme le même nombre. C'est un supplément aux deux autres. Il est très-rare de rencontrer cet ouvrage complet.

où il a prostitué de si prodigieux talents à
épouvanter l'imagination et révolter les âmes
les plus bronzées, nous en aurions tiré une
multitude de Blondes ou naturelles ou artificielles, et nous aurions rappelé quelques-
unes de ces expressions vigoureuses et neuves
par lesquelles il les met en scène[1]. Nous
avons trouvé moins d'oubli de soi-même et
d'emportement dans Joachim du Bellay, même
dans ce que nous n'avons pas pu citer.

Il est enfin un agréable auteur italien, Ludo-
vico Dolce, du xvie siècle, un de ces hommes
rompus à toutes les études, prompts à toutes
les écritures, dressés à toutes les transformations littéraires, et qui, indifféremment, eût
fait des catalogues ou de l'histoire, des préfaces ou des comédies, des vers ou des tableaux
de mœurs, qui a dit son mot sur la teinture
des cheveux. Dans une imitation de l'*Art
d'aimer* d'Ovide, en stances de bon italien,

---

1. Nous aimons à rendre une éclatante justice à M. Philarète
Chasles pour le goût et la finesse savante avec lesquels il a écrit
son étude sur l'Arétin. C'est un excellent morceau qui vient d'être
traduit en italien, et qui est fort prisé des lettrés en Italie.

manuscrit encore inédit et qui fait partie de la splendide bibliothèque du comte Alessandro Melzi, ce Dolce fait l'éloge le plus pompeux des cheveux noirs, si communs à Venise, et il termine le troisième chant du poëme par une invective contre les femmes qui répudient leur couronne d'ébène: « O insensées que vous êtes, leur dit-il, vous qui mettez tant d'étude à vous travestir en Blondes et à vous maintenir dans votre mensonge!

> *E sciocche voi, che studio si profondo*
> *Ponete in farlo e conservarlo biondo*[1]*!*

Déjà il avait fait mention de cette mode dans son rarissime *Dialogue plaisant où messer Pietro Aretino parle en faveur des maris malheureux*[2]. Le passage est encore une invective , plaidoirie furibonde de mari trompé :

« Avec fourberie elles pleurent, avec four-

1. Ici le mot cheveu, *crine*, est sous-entendu.
2. *Dialogo piacevole nel quale messer Pietro Aretino parla in difesa di male avventurati mariti ,* etc. Venetia , per Curtio Trojano di Narò, 1542, in-8 de 20 ff.

berie elles rient; tout est fourberie dans ce qu'elles accomplissent. Quel est, demandait-on à un philosophe, l'animal le plus dépourvu de foi? C'est la femme, répondit-il. Ne le montre-t-elle pas apertement jusque dans ses parures? Voyez-la, avec son blanc et son rouge, dissimuler la pâleur de son teint, et, à grand renfort d'eaux et de drogues, faire de ses cheveux noirs comme l'encre des cheveux blonds, des cheveux argentins ou dorés. Eh bien! cette même foi, elle l'a dans le cœur [1]. »

Voici venir encore un autre docteur, un certain Giuseppe Passi, celui-là un rustre de la philosophie, un Zénon plus pédant encore que l'ancien, qui fait une nouvelle sortie contre les Blondes de fabrique. Après beaucoup de discours contre les femmes: « Parlons

---

1. Con insidie piangono, con insidie ridono, et insidie è tutto ciò che fanno! Fu dimandato a un philosopho qual fosse quell'animale in cui non si trovasse fede: rispose egli, la Femina, il che esse ancora palesemente ci dimostrano negli ornamenti loro; perciocchè col bianco e col vermiglio sogliono ricoprire la pallidezza del volto, e con la forza delle acque non pur fanno i capegli di negri biondi, di argento e di color d'oro. E cotal fede esse hanno parimente nel core... »

maintenant, s'écrie-t-il, de la culture qu'elles font de leurs cheveux, ou, pour dire plus juste, des emplâtres qu'elles emploient pour les blondir. Que de compositions! que d'eaux secrètes! que de drogues et mixtures! que de lavages avec eau infernale, mêlée de milliers d'aromates, d'alun, de zeste d'orange, de cendre, de brou de noix, de soufre et mille autres vanités que je passe sous silence! N'est-ce pas merveille de voir avec quelle anxiété ces dames attendent, appellent, invoquent le soleil? merveille de contempler leur douleur quand il ne paraît pas? d'ouir les plaintes dont elles maudissent les nuages jaloux qui le voilent? Rayonne-t-il, elles se condamnent, les malheureuses, à souffrir patiemment le supplice du soleil, six heures durant, pour jouïr de ses plus ardents rayons[1]. »

---

1. « Ma diciamo della coltura de' capelli, e per dirne il vero, quanti impiastri adoprano queste donne per biondeggiarli, quante sorti d'acqua, e quante altre misture per farli à modo loro, lavandoli con liscia forte, con mille arromati dentro, lume di feccia, scorze di narancia, cenere, scorze di nuouo, solfo, e mille altre uanità, che taccio per buon rispetto ; et è cosa degna di merauiglia, il vedere l'ansietà di queste donne nel bramare il sole, et il vederle dogliose, quando non comparisce, maledicendo le nubi, che le

Au risque de faire redite, résumons, avec les propres paroles des *Costumi* de Rossi, déjà cité, toute cette question de l'*Arte biondeggiante* :

« Chez les·jeunes femmes de toute classe, c'était une mode *radicalement* établie de paraître blonde. Nos *altane*, ou petites terrasses en bois, disposées ingénieusement au-dessus des maisons et des palais, étaient l'endroit habituel où les femmes exposaient aux rayons du soleil leur chevelure imprégnée d'une certaine mixture dont nous connaissons encore la recette, appelée *la bionda*. Pour préserver du hâle, la figure et les épaules, on se protégeait d'un cercle tressé en paille en forme d'aile de chapeau, attaché au front et à la nuque, appelé *Solána*, d'où le mot, en dialecte vénitien, *chiapar la solana*, voulant dire

cuoprono ; dannosi le miserelle a star nel sole, e doue è più pungente le quattro, sei hore del giorno, e soffriscono ogni supplitio, e patimento.... »

I donneschi difetti, di Givseppe Passi. *Ravennate.* Édition de 1618 (la quatrième), Venise. Discours XXIII, intitulé : *Quando sia cosa disdicevole à Donna il farsi belle : quel che gli aviene per questo suo sbelleltamento, con la cultura artificiata de' capelli, e la ridicolosa pazzia di questi suoi concieri di testa.*

attraper un coup de soleil. En hiver, les dames remplaçaient l'ardeur de ses rayons par la force du feu. Elles usaient aussi d'une poudre, faite pour être répandue avec grand soin dans les cheveux. Le contraste des yeux noirs avec les cheveux blonds était considéré comme le type suprême, comme le souverain triomphe de la beauté[1]. »

L'existence de l'*Arte biondeggiante* est donc surabondamment prouvée.

Quant à la tragi-comédie espagnole de la *Célestine*, publiée pour la première fois en 1499, elle fait mieux que constater l'art de blondir, elle en donne une recette, dans son premier acte. Le principal personnage, Calisto, jeune et honnête seigneur, un modèle d'honneur, de candeur et de grâce, est profondément épris de la belle Mélibée, fille de haute naissance, et de vertu, héritière d'une grande fortune. Il confie le sort de son chaste amour à une hypocrite, dont les intrigues et la cupidité précipitent un dénoûment si-

---

1. Voir, comme nons l'avons dit plus haut, à la *Marciana*.

nistre. Son porte-voix auprès de cette femme est son valet nommé Parmeno. Il se fait, un jour, raconter par lui la rencontre extraordinaire que cet homme a faite de la sainte femme appelée Célestine. Celle-ci n'est autre qu'une de ces dévotes à gros grains, complaisantes et faciles, qui, volontiers, font tous les métiers pour en couvrir un seul. Sa demeure est à l'extrémité de la ville, dans une maison mystérieuse et isolée, sur la rive du fleuve. Là, tout à la fois brodeuse, parfumeuse, conseillère professe en l'art d'embellir les visages avec fards et affiquets de Jouvence, experte dans le secret de refaire à neuf les vierges ébréchées, elle est zélée surtout à servir les amours des galants, et faire tomber les jouvencelles dans les filets de sa feintise, en leur tirant leur horoscope. Parmeno déploie sa meilleure faconde à décrire à son maître l'antre de la sorcière. Ce sont des cornues et des alambics, ce sont des fioles sans nombre, des poudres sympathiques, des élixirs et vinaigres à miracles, tout l'attirail enfin de la science des philtres.

Elle tient particulièrement, ajoute le Frontin, une drogue à blondir, « *Haȝia lexia para enruviar,* » formée d'une mixture de sarment, de feuille de chêne, d'ergot de seigle, de marrube, de sel de nitre, d'alun, de millefeuilles et autres ingrédients : « *de sarmientos, de carrasca, de centeno, de marrubios, con salitre, con alumbre y millefolia, y otras diversas cosas* [1]. »

---

1. Page 35 de l'édition espagnole de Milan, imprimée en 1622, et intitulée comme l'édition *princeps* : CELESTINA, TRAGICOMEDIA DE CALISTO Y MELIBRA, *en la qual se contienen, demas de su agradable y dulce estilo, muchas sentencias filosofales, y auisos muy necessarios para mancebos.*

L'édition originale espagnole est sortie de Burgos en 1499, in-4 goth. ff. non chiffrés, figures en bois. Elle est fort rare et paraît ne pas avoir été connue des bibliographes espagnols.

Il y a eu de très-nombreuses éditions de cette pièce, en 1500 et 1501, à Séville ; en 1502 et 1531, à Venise ; en 1514, à Valence ; en 1545, à Anvers, etc., etc., toutes en espagnol. Nous en avons une traduction italienne datée M D.XLI, chez Giovann' Antonio e Pietro de Nicolini de Sabio. La teinture à blondir « *Lessiva per far biondi e capelli,* » est à la page xv, recto. Il y a eu des traductions antérieures en italien.

La première version française date de 1527, chez Galliot Dupré, in-8. Le titre porte les explications qui suivent : *La Celestine, en laquelle est traicté des deceptions des seruiteurs enuers leurs maistres, des macq. enuers les amoureux, tralate dytalie en frãçois. On le vend à Paris en la grant salle du palais.*

M. Germond de Lavigne en a donné une traduction nouvelle, en 1841, in-18. La recette s'y trouve dans la seconde partie, p. 48.

Cette recette serait-elle assez exacte pour opérer le grand œuvre? Il est permis d'en douter, puisqu'elle est incomplète. Mais il en est une plus développée dans un autre livre aussi étranger à la science. C'est une petite facétie en vers intitulée *le Grelot des femmes, composé par Bernard Giambullari, Florentin, où il décrit l'état et les coutumes des femmes et encourage les hommes qui peuvent se passer d'elles à ne se point marier, vu la perversité et nature d'icelles* [1]. » Cette pla-

---

Voici le passage original dont nous avons donné l'analyse :

Tenia una camara llena de alambiques, de redomillas, de barrilejos de barro, y de vidro, de alambre, de estaño, hechos de mil fayciones; hazia soliman, afeyte cozido, argentadas, bugelladas, cerillas, lanillas, vnturillas, lustres, lucentores, clarimentes, aluarinos, y otras aguas de rostro; de rasuras, de gamones, de corteza de espantalobos, de traguntia, de hieles, de agraz, de mosto destilados y açucarados... *Haʒia lexia para enruuiar* de sarmientos, de carrasca, de centeno, de marrubios, con salitre, con alumbre y millefolia, y otras diversas cosas.

Y los untos y mantecas y sebos que tenia, es hastio de dezir : de vaca, de osso, de cauallos y de camellos, de culebras y de conejo, de vallena, degarça, y de alcarauan, y de gamo, y de gato montes, y de texon, de harda, de erizo, de nutria. Aparejos para baños : esto es una maravilla, de las yervas y rayzes que tenia en el techo de su casa colgadas : mançanilla, y romero, maluauisco, culantrillo, coronilla, flor de sauco, y de mostaza, espliego, y laurel blanco, tortarosa, y gramonilla, flor saluaje, y higueruela, pico de oro y hoja tinta. Los azeytes que sacava para el rostro no es cosa de creer....

1. *El Sonaglio delle Donne composto da Bernardo Giambvl-*

quette curieuse et rare, diatribe atrabilaire
contre le beau sexe, n'a d'autre objet, comme
l'indique le titre, que de détourner un jeune
homme inexpérimenté d'enchaîner sa liberté
en prenant femme. Le poëme est composé
en octaves dont trois traitent de notre sujet.
Tout en y décriant l'usage abusif de se faire
blonde, Giambullari énumère les mixtures
principales et les matières premières qui en-
trent dans la confection d'une bonne recette
à se blondir au soleil; c'est une manière de
Jardin des racines grecques, de la pure phar-
macopée en vers, contemporaine de la ·*Célestine;* car le livret, sans indication ni de lieu ni
de date, passe pour avoir été imprimé en l'an
1499, comme la tragi-comédie espagnole.
Telle bizarre qu'en soit la forme, il n'en offre
pas moins une preuve manifeste de plus que
l'usage de l'*Arte blondeggiante* était en pleine
vigueur à la fin du xvᵉ siècle. La recette prescrit, entre autres secrets, l'emploi de crin

---

*lari Fiorentino dove descriue la condiȝione et costumi delle
Donne et conforta gli huomini che potendo star senȝa esse, non
debbino mai pigliar moglie per le loro peruerse nature.*

de cheval, de miel distillé, de soufre noir et jaune, de graisse de serpent, d'eau de gomme arabique, de gomme adragante, etc. [1].

Mais en résumé cet art sublime de blondir avait son *codex*, et voici venir le médecin et le pharmacopole, le docteur ès-sciences et l'empirique, les maîtres en mixtures et philtres,

---

1. Voici les trois octaves dans leur texte :-

Principialmente per fare i capelli
Crescer per tutto con poco intervallo
Et farli rilucenti biondi e belli,
Usano spesso del crin del cavallo,
Mele stillato, e draganti tra quelli
Zolfo stillato del nero e del giallo,
Con grasso della serpe ungano spesso
La coda che il capel non venga fesso.

E acqua gromma, con acqua di mezzo,
E allume di feccia, e trementina
Che gettan tutte queste cose un lezzo,
Cosi al fien greco, e la zuccha marina
Per esser bionde non istando a rezzo
Ma sempre al sol da sera e da mattina,
Et fanno lor gusciate, et loro brutte,
Ma non voglion all' hor esser vedute.

Et fanno bionde di molte ragioni
Per far biondi i capelli in ogni lato,
Et cosi vi fan di varii saponi,
Ma sopra tutto il buon sapon curato ;
Et perche varie son l'openioni,
Jn vari modi l'hanno translatato
Ch'ognuna vuol hauer bionda la cima
Et d'una bella coda fanno stima.

qui savent les minéraux et les poudres, les
huiles et les baumes, les herbes et les simples:
Messer Giovanni Marinello et · le cavalier
Leonardo Fioravanti. Tous deux ont traité
à fond, *ex professo*, dans leurs livres, de
toutes ces compositions et en ont formulé
les recettes et ordonnances. Consultons-
les, puisque les apothicaires de la mode vénitienne ne sont plus là pour nous renseigner.
Ces derniers étaient de gros messieurs en leur
temps, fort courus des belles en renom, et
encaissant dans leurs coffres les vanités humaines. C'était d'abord, vers 1572, un certain
messer Giacomo de Torelis. Ensuite celui
dont on ne pouvait se passer en matière de
droguerie et herboristerie, la fleur des pois
en l'*arte aromataria*, était messer Saba de
Franceschi, à l'enseigne de l'*Ours*. Tous
deux faisaient autorité, ainsi que le vieux
Zaiacomo dalla Fenice, dont l'officine par-
fumait le *campo San Luca*. De la foule des
débitants de parfums, d'huiles, vinaigres et
mixtures, sortait aussi un nom célébré, celui
du grand *Muschiaro*, comme on disait alors,

messer Domenico Ventura, qui embaumait les Merceries à l'enseigne du *Lys*. Celui-là était connu du monde entier et comptait de grands princes parmi ses chalands, sans nommer, par discrétion, les princesses illustres dont il servait les caprices et la beauté, associant sur leur front de Cérès, pour le grand avantage de leurs yeux noirs ou bleus:

A tout l'or des épis tout l'or des blonds cheveux.

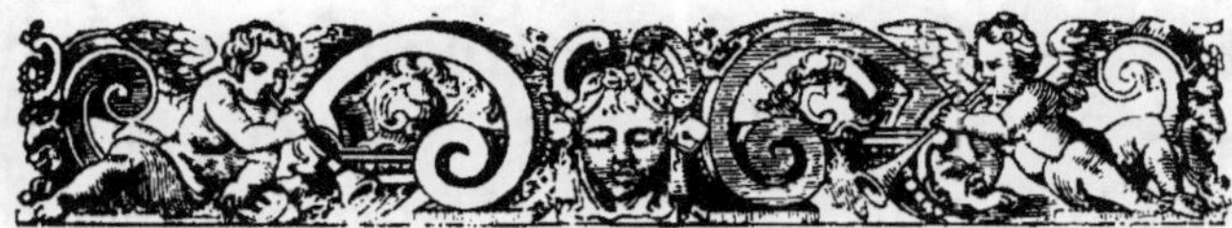

III

. .... Pharmacopolæ.
HORAT., *Serm.* I, 2.

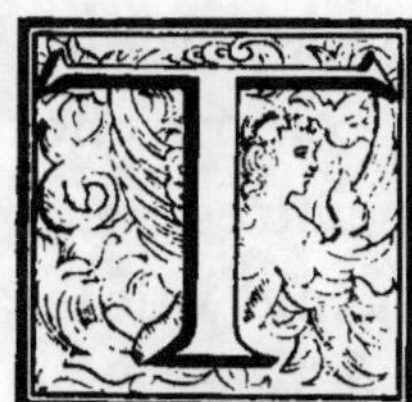OUT concourt à prouver que le médecin Marinello de Modène a dû être, en son temps, le grand prêtre du blond chez les Vénitiennes ; et son traité de la parure des femmes, *Gli Ornamenti delle Donne*, publié en 1562, leur Évangile. Nous ne connaissons aucun ouvrage qui ait approfondi la matière aussi amplement et disertement.

Le second livre, exclusivement consacré à

la coiffure, a pour titre: « Où se démontrent les beautés naturelles des cheveux et comme quoi l'on peut s'en procurer d'artificielles : *Nel quale si dimostrano le naturali bellezze de capelli e li artificiali come acquistar si possano.* » Et qu'on ne croie pas que le bon Marinello soit un de ces barbouilleurs d'almanachs, d'orviétan et de panacées qui cherchent follement la pierre philosophale ; c'est un homme sage, vraiment docte, autant qu'on l'était dans son siècle, qui est de son pays et de son temps, et les veut servir. Il ouvre par ces mots son premier chapitre :

« Une pensée généralement admise aujourd'hui, c'est que, chez les anciens comme chez les modernes, les poëtes et les peintres, veulent absolument, du haut de leur génie, que les cheveux d'une jolie femme soient longs, fins, abondants et de la couleur de l'or, suivant l'expression de Pétrarque dans sa *Canzone* si belle : *Chiare, fresche et dolci acque*[1] ; et dans le sonnet *Amor ed io si pien de ma-*

----

1. Canzone xxviii

raviglia, où célébrant Laure, il la montre

Tessendo un cerchio a l'oro terso e crespo[1].

Marinello consacre alors un chapitre aux eaux colorantes, et ce chapitre:

« Comment on rend blonds les cheveux,
I capelli come biondi se faciano, »

ne contient pas moins de vingt-six recettes différentes pour monter et descendre la gamme des teintes, des plus accentuées aux plus légères. Il va jusqu'à en promettre une qui atteint l'*argent et l'or.* Et ces recettes, il ne les présente pas avec le ton insipide et doctoral d'une officine, avec la rogue brutalité d'un pédant à férule; il ménage les gracieuses lectrices auxquelles il s'adresse. Il semble avoir peur que les senteurs de sa pharmacie ne leur montent au nez. Sa parole, toute pleine de ménagements, d'élégances et d'égards, est comme une caresse. Il regarde avec une pré-

---

1. Sonnet cxxviii.

caution infinie où il met le pied. Il glisse sa parole comme un murmure discret à l'oreille. Ses mixtures, il leur donne des noms tout charmants et tout aimables: il les appelle *piacevole composizioni, leggiadre maniere di cose.* Ce sont comme des sucreries qu'il débite; et, pour faire passer tel onguent, il en promet un effet si heureux qu'il s'en suivra une nuance exquise à faire honte aux fils d'or.

Dès qu'il a fini son chapitre consacré aux recettes, il s'attendrit sur le sort des aimables Brunes qui tout à l'heure vont s'en servir, et il leur adresse ce discours paterne tout plein de bons conseils:

« Aux gentilles Dames, *Alle leggiadre Donne.* »

« Souffrez que je vous rappelle, Honnêtes et Honorables Dames, que l'application de tant de variétés de couleurs à vos cheveux vous frappent la tête d'un froid excessif de douche; qu'elle l'attaque et la pénètre, et, qui pis est, peut entraîner diverses maladies et infirmités graves. Aussi, vous recomman-

derai-je en grâce de prendre toutes les pré-
cautions nécessaires pour prévenir ces maux.
Mêlez, par exemple, à vos onctions et à vos
élixirs, des clous de girofle, du musc, de
l'ambre et tels autres ingrédients qui possèdent une vertu réchauffante. Que ne peut-il
pas résulter encore de la teinture! vous pouvez en sortir les cheveux rudes, grossis et
changés de nature du tout au tout : effet bien
douloureux que vous éviterez, si vous avez
le soin d'ajouter à vos compositions des choses propres à tout adoucir. Nous vous avons
énuméré ces choses ailleurs. On voit fréquemment encore les cheveux, atteints dans
leur essence et racine, s'affaiblir et tomber,
la figure devenir noire par suite de l'emploi
de tant d'eaux et de décoctions maléfiques.
Recourez, pour le premier cas, à l'huile de
violette et de Chieri, et pour le second, servez-
vous d'huile d'olive chaude; votre teint re-
couvrera sur-le-champ ses plus heureuses
couleurs. En toutes et chacune de ces petites
choses et façons, Douces et Honorables
Dames, ayez donc infinie prudence, afin de

n'avoir point à vous en prendre à vous-mêmes des maux terribles qui pourraient advenir[1]. »

Le livre de Marinello n'est pas, tant s'en faut, une simple nomenclature de recettes exclusivement consacrées à faire des lionnes à la crinière d'or ou des beautés à tresses rutilantes, ou de tendres pupilles aux bandeaux cendrés et argentins; il est tout plein encore de secrets intimes et charmants; et rien que les titres de chapitres de ses trois livres ont un côté rempli de promesses. Voyez plutôt:

« Manière de rendre le visage plus blanc que l'albâtre, *Viso come si faccia bianco più que alabastro*[2]. »

« Comment un certain baume rend le visage plus blanc que la neige, *Viso bianco come neve fa una acqua di balsamo*[3]. »

---

1. *Gli Ornamenti delle Donne, tratti delle scritture d'una Reina Greca, per M.* Giovanni Marinello, *e divisi in 4° libri con due tavole, una de' capitoli e l'altra d'alcune cose particolari; opera utile e necessaria ad ogni gentile persona.* In Venetia, appresso Francesco de' Franceschi, Senese. MDLXII. L'ouvrage est dédié aux très-illustres dames la signora Vittoria et la signora Isabella Pallavicini. Voir livre II, p. 77.

Les *Ornamenti* ont eu une traduction latine, en 1571.

2. Page 205, I.

3. Page 201. I

« Comment rendre le visage blanc, vermeil et brillant, jeune et galant, *Viso bianco et vermiglio, lucente, giovanile e vago come si faccia*[1]. »

et bien d'autres encore plus curieux les uns que les autres.

En résumé, c'est un vrai docteur et un maître, c'est un confident, un ami, qui touche à toutes les questions importantes et délicates pour les femmes.

Quelles sont les qualités requises pour de beaux yeux? se demande-t-il un jour, et il répond. Ainsi du reste. Rien n'est omis : il ne redoute pas les détails.

> *Petto bello che conditioni richieda*[2]?

se dit-il.

> *Ventre bello che cosa richiede*[3] ?
> *Mamelle belle che conditioni richiedono*[4]?

se demande-t-il encore, et il a réponse à tout.

Sans s'en douter lui-même, il a son petit.

---

1. Page 22, I.
2. Page 252. II.
3. Page 276, I.
4. Page 253, I.

coin de philosophie. Mais plein de bonho-
mie dans l'esprit et dans la langue, il n'a rien
de cette malice gognenarde et un peu brutale
du xvi⁰ siècle. Je ne sais cependant si, chez
lui, la naïveté n'a point sa finesse, mais une
finesse souriante et douce comme la tendresse; car on sent qu'il adore son sujet,
parce qu'il en adore l'objet, « toujours divers,
toujours nouveau ; » et au fond, cet homme
si bien confit en l'art des herbes, a mérité
d'être couronné, dans un jardin botanique,
de la main des femmes.

Il faut regarder comme complément et
comme preuves en quelque sorte, à son ouvrage précédent, son livre antérieur d'une
année, qui lui eût assuré les honneurs des
battants à l'Académie de Médecine; c'est son
*Grand Flambeau, guide des Apothicaires et
Trésor des Herboristes*[1]. Il faut souvent le
consulter pour bien interpréter le *Traité des*

---

[1]. *Luminare maius, lumen Apothecariorum et Aromatarium
Thesaurus, omnibus cum medicis tum aromatariis pernecessaria
opera.* Dédié à *Nicolao à Cavallera, Veneto pharmacopolæ nobilissimo. Venetiis, apud M. Bevilacquam.* 1561.

Ornements. Là, bien entendu, il ne s'adressait pas aux femmes, et nul doute encore une fois, que, pour écrire son livre favori des *Ornamenti,* il n'eût brûlé des parfums pour dissiper l'atmosphère de l'officine et se rendre digne d'approcher son sujet.

Marinello avait toutes les vertus domestiques. Il a laissé un fils, Curzio Marinelli, qui continua ses talents et sa pratique; et par une éducation soignée, il a donné le vol à la Lucrezia Marinella, sa fille, née en 1571, personne charmante, « la colombe sacrée, *la Colomba Sacra,* » comme elle-même intitula un de ses livres. Les Muses lui avaient trempé les lèvres d'ambroisie, et elle écrivit un aimable poëme de « l'Amour amoureux devenu fou: *Amore innamorato impazzato*[1]. » En 1600, elle publia, chez Ciotti, à Venise, un livre fort bien fait sur « la noblesse et excellence des Femmes opposées aux défauts et défectuosités des hommes: *La nobiltà et excellenza delle Donne co' difetti e*

---

1. Combi. 1618. D'autres poésies de ce volume sont religieuses.

mancamenti degli uomini Discorso[1]. » On croirait lire une réfutation directe du livre pédant de Passi sur les défauts des femmes. La Marinella mourut à Venise, le 9 octobre 1653, à l'âge de quatre-vingt-deux ans.

Après Giovanni Marinello, le chevalier Leonardo Fioravanti.

Celui-ci, tout à la fois médecin, chirurgien et alchimiste, a joui de plus de réputation encore que Marinello; mais tout ce bruit, il le faut reconnaître, c'est un peu lui-même qui s'était chargé de le faire. Avec une vanité féroce, une jactance excessive, et l'art de mettre en œuvre des talents médiocres, il avait réussi à se faire prendre au sérieux et à se pousser dans la considération générale, en Italie surtout. Après avoir d'abord tenté la fortune en 1548, à Palerme, où il exerça la médecine pendant deux années, il s'embarqua sur une flotte espagnole pour visiter l'Afrique;

---

1. TIRABOSCHI, dans sa *Biblioteca Modenese*, donne la liste des ouvrages du père et de la fille. Le Discours sur la précellence des femmes a eu deux éditions, toutes deux de Venise et fort rares; l'une in-4, en 1600, l'autre in-8, en 1621.

puis il revint à Naples en 1555, passa à
Rome et enfin à Venise où, se sentant chez
lui, il se décida à faire sa résidence et composa un de ses livres qui traite de notre sujet.

Il vécut, les quatre 'premières années,
dans une élégante maison de la *Contrada di
San Zulian*, à deux pas de Saint-Marc et de
la Tour de l'Horloge; après quoi il transporta
ses pénates à San Luca, près le palais Grimani, « où, dit-il lui-même en 1572, dans un
de ses nombreux livres, je suis installé maintenant et où j'espère demeurer longtemps encore. »

Son premier séjour à Venise ne fut pas
sans orages, et il y dut payer rudement le
droit de cité. La réputation qui l'avait devancé lui attira des clients; son empirisme,
heureux parfois dans ses cures, les lui conserva, et ses arcanes d'alchimiste en étendirent
promptement le nombre. Mais alors les jalousies et les inimitiés le harcelèrent. On lui
reprocha d'exercer sans diplômes. Vite il répondit par un voyage à l'Université de Bologne, sa patrie, où il soutint une thèse. Il reparut

triomphant à Venise, et sa position, relevée encore par le souvenir d'une sorte de persécution, ne fit que grandir. Devenu l'homme des cas graves, les provinces l'appelaient à l'envi en consultation. Il se sentit même assez maître de la place, pour ne pas craindre de faire de temps à autre de grandes excursions médicales à l'étranger.

Fioravanti avait accoutumé de tenir note de tous les cas de sa pratique et il maniait la plume comme le scalpel et le bistouri, en héros d'une science qu'il gouvernait à la baguette. C'était un grand tailleur de chair vivante, un rebouteur magique, qui a trouvé d'ardents prôneurs et panégyristes dans l'Italie de son temps. A l'en croire, il n'avait qu'à paraître pour mettre en fuite une maladie désespérée, effaroucher une fièvre, exciser une rate-rebelle, recoudre à surjet des plaies béantes, recoller des nez complétement arrachés; et puis il s'épandait en fastueux éloges sur ses élixirs, sur ses poudres et ses secrets, sur son fameux baume que pour un peu il eût égalé au baume miraculeux de *Fier-à-Bras*. En un mot, c'était un de ces hommes desquels il faut s'empresser de dire qu'ils sont empiriques, pour qu'on ne dise pas qu'ils sont charlatans. Aussi, ne doit-on point s'étonner qu'après tant de bruit, il n'ait pas résumé le fruit d'une longue expérience en quelque grand ouvrage de doctrine, en quelque monument hippocratique, au lieu de se borner à des traités vagues et de détail, à des rhapsodies informes qui n'ont de chirurgical que le titre.

Fioravanti n'a pas dans la forme la spirituelle vivacité bergamasque ; jamais il n'a endossé la robe du docteur pantagruélique de Montpellier. Ses livres pédants, indigestes, terre à terre, n'ont rien qui s'élève, rien qui prenne relief hormis l'amour-propre ; mais il fournit des éléments à notre travail ; profitons de ses témoignages. On a de lui *le Miroir de la Science universelle* [1], le *Trésor de la Vie humaine* [2],

---

1. *Dello Specchio di Scientia universale, dell' Ecc.ⁱ dottore el cavalier M.* LEONARDO FIORAVANTI, *Bolognese, libri III.* In Venetia, Valgrisi, 1564, in-8º.

2. *Il Tesoro della vita umana dell' Ecc.ⁱ dottore e cavaliere M.* LEONARDO FIORAVANTI. Venetia, Spinedo, 1571, in-8º.

le *Résumé des Secrets rationnels*[1], les *Caprices médicinaux*[2], etc. etc. Le premier de ces ouvrages est assurément le meilleur. Conformément à son titre, il parle un peu de tout, et il est curieux à consulter pour bien connaître les professions et les métiers exercés à cette époque. Le cœur reconnaissant de l'hospitalité qu'il recevait à Venise, il en consigna un témoignage public dans la préface de son *Miroir*, imprimé chez les Sessa, les mêmes à qui l'on dut plus tard la seconde édition de Cesare Vecellio. Là, il passe en revue les hommes célèbres de son temps en sa nouvelle patrie : beaux esprits, peintres fameux, antiquaires, curieux, à la tête desquels se distingue l'illustre cardinal Grimani, un homme de grand goût, de grand savoir, de grandes manières, qui légua à la République ses collections de

---

1. *Il Compendio de' Secreti razionali intorno alla medicina, chirurgia e alchimia, dell' Ecc.ᵃ dott. e cavaliero M.* LEONARDO FIORAVANTI. Venetia, 1675, appresso li Prodotti, in-8°.

2. *De Caprici medicinali, dell' Ecc.ᵃ Cirogio messer L.* FIORAVANTI, *Bolognese, quattro libri.* Venetia, 1647.

L'édition originale portait le titre suivant : *Secreti medicinali di M.* LEONARDO FIORAVANTI, *medico Bolognese, divisi in tre libri.* In Venetia appresso Lodovico Avanzo. M.D.LXI.

marbres, de statues, de peintures, trésors de premier ordre, et avec tout cela le magnifique missel si longtemps disputé à Venise par le Pape et qui finit par aller décorer la Marciana dont il n'est pas le joyau le moins précieux.

Après le *Specchio di Scientia universale*, la meilleure des œuvres du chevalier Fioravanti, le *Trésor de la vie humaine* prend la première place. Ce n'est, à vrai dire, qu'un résumé emphatique des consultations et opérations de l'auteur dans les occasions les plus marquantes de sa vie de praticien. Que de rêveries et de mensonges! Quant au *Compendio de' Secreti raʒionali*, nous nous y arrêterons sans nullement en médire, attendu que les Blondes, ou plutôt les Brunes qui veulent se faire blondes, y trouveront, comme dans Marinello, d'excellents conseils. C'est, en effet, le livre qui se rapproche le plus des *Ornamenti* de Marinello, et l'on peut dire que la bibliothèque d'une Blonde, pour être complète, n'a guère besoin d'autres traités que ces deux volumes. Là sont leurs codes, leurs livres d'or, leurs tables de la loi.

Il y aurait bien encore à nommer le bouquin *Des plus notables secrets de l'art du Parfumeur*, par le Roseto[1], le traité des *Secrets* d'Alexis le Piémontais[2] et le livre d'Isabella Cortese[3]. Mais ce serait faire redite ; et, sauf la différence de quelques recettes, il n'est rien, chez ces derniers, qui ne se trouve avec plus de développement chez les deux législateurs

---

1. ROSETO. *Notandissimi secreti de l'Arte profumatoria per far Ogli, Acque, Paste, Balle, Moscardini, Uccelletti, Paternostri, e tutta l'arte intiera, come si ricerca, cosi nella città di Napoli del Reame, come in Roma, e quini in la città di Vinegia, nuovamente ristampati.* In Venetia, 1560, in-8°. appresso Francesco Rampazetto.

Ce livre, qui n'est point décrit dans Brunet, a un frontispice : deux anges tenant une couronne qu'ils dirigent vers la légende suivante : *Et animo et corpori.*

2. ALESSIO PIAMONTESE : *Di Secreti.* Venetia, per Comin da Trino. 1557, in-8°.—Voir sur cet auteur l'*Appendice.*

3. *I secreti ne' quali si contengono cose minerali, medicinali, arteficiose, ed alchimiche e molte dell'Arte Profumatoria appartenenti a ogni gran Signora,* con altri bellissimi secreti aggiunti. In Venetiá, appresso Giovanni Bariletto, 1574, in-8°.

L'ouvrage a quatre livres. Une édition antérieure portant la date de 1561, et non mentionnée par Brunet, est citée dans le récent ouvrage du conservateur du Cabinet des porcelaines, au Palais japonais de Dresde, très-savant bibliographe, M. J. G. Théodore Graesse : *Trésor de livres rares et curieux, ou Nouveau Dictionnaire bibliographique,* imprimé à Dresde.

de l'*Arte biondeggiante*, Marinello et Fioravanti.

Reste ce petit *vade-mecum* manuscrit du xvie siècle, le *Ricettario*, conservé aujourd'hui aux archives de Venise, et qui provient des cassettes particulières d'une belle Vénitienne, la comtesse Nani. Il y a là une recette dont il faut tenir compte.

De même que les *Ornements des Dames*, les *Secrets rationnels* de Fioravanti consacrent des chapitres spéciaux aux fards et aux pommades, aux eaux et aux vinaigres discrets, en un mot, à tous ces *Belletti* d'Italie, tout cet arsenal de la coquetterie, que les dames de la cour de France recherchaient avec tant de sollicitude. Ainsi, l'on trouve, au IVe livre, beaucoup de détails sur les *Belletti* dont se servent les femmes pour se rendre belles : *Nel quarto libro si scrivono molti Belletti che usano le donne per apparer belle.*

En détails sur le sujet spécial des Blondes Fioravanti n'est pas aussi riche que Marinello : il ne donne que vingt-six à vingt-sept recettes ; mais, dans le peu qu'il indique, il en est de précieuses pour l'historien de cette mode : Ainsi il formule *Comment on se rend les cheveux blonds à la Napolitaine, comment à la Vénitienne,* etc. » Ce sont là des nuances et des distinctions bien établies.

De quelle façon le superbe messer Leonardo s'est-il procuré cette recette à la Napolitaine? Il se garde de le laisser ignorer et ne perd pas l'occasion d'en tirer gloire.

« La Signora Giovanella, dit-il, femme de Don Philippe Della Rocca, Messinois et trésorier du Royaume, usait de cette recette, et son exemple était suivi par toutes les Dames qui avaient le grand vol de la belle parure. Quand j'allai au royaume de Sicile (1548 - 1549) et donnai des soins à cette Dame dans la maladie cruelle dont elle était frappée, son premier mot, après son rétablissement, fut celui-ci : « De quelle sorte d'*eau blonde* (de bionda), de quelles mixtures se servent les dames vénitiennes? » Je lui répondis que je l'ignorais ; car, fort jeune encore en ces temps éloignés, je n'avais guère l'esprit tourné à telles sortes de choses.

Ce fut alors qu'elle me donna sa recette par écrit, de même que celle de divers autres *Belletti divinissimi*, recettes et secrets précieux que je transcrirai en leur lieu et place. Et certes, je ne manquerai pas de les donner comme ses secrets personnels, vu que, dans mes lettres, je me suis formellement engagé à lui en faire honneur. Ainsi fais-je ici envers une dame si généreuse, si aimable, et d'un mérite naturel si distingué. Le recueil de mes lettres en fera mieux juger encore, lorsque je le mettrai au jour. »

Au milieu de toutes ses recettes, blondissantes et autres, il prend parfois à messer Fioravanti quelque velléité de bel esprit et gaieté narquoise. Il badine avec une patte d'ours. Il s'avise par exemple d'un chapitre qu'il intitule :

« Du moyen de faire paraître une femme très-belle pour laide qu'elle soit : *Del modo di far parere una donna bellissima, per bruta che ella sia...* »

Assurément, c'était là un titre superbe à faire venir l'eau à la bouche. Et là-dessus il monte en chaire. Mais le railleur se moquait,

et au lieu de mériter, en grand praticien, l'é-
ternelle reconnaissance des laides, s'il en est,
il se borne à des conseils philosophiques.
Tout au plus les assaisonne-t-il d'un grain
d'hygiène. « Il suffit en somme, selon lui,
d'être riche, d'être gaie, d'être heureuse, de
n'avoir point de graves pensées ni de causes
pour s'y livrer. »

En vérité, la recette est bonne ; mais il
a oublié d'indiquer le pharmacopole qui exé-
cute l'ordonnance.

IV

HORAT., *ad Pisones*, 70, 71.

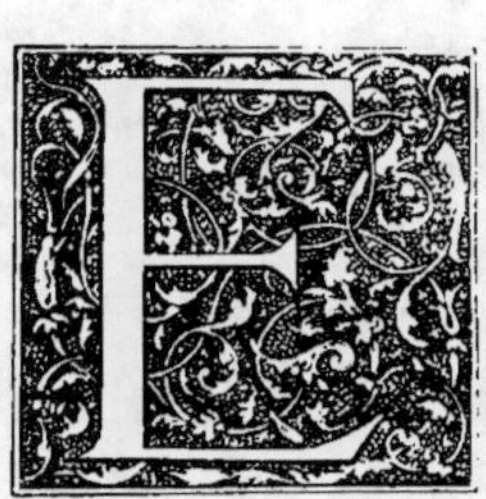

N résumé, ne dirait-on point, pour le remarquer en passant, que le rayonnement de la mode de se blondir ait été comme un des symptômes de la Renaissance dans la seconde moitié du xvᵉ siècle et pendant tout le xvɪᵉ? Le monde nouveau, comme ébloui par les monuments exhumés du monde ancien, semble avoir voulu lui emprunter, ici, l'un de ses usages, de même qu'il se nourrissait de ses beautés littéraires et de ses arts. Et comme il n'est point un engouement bon ou mauvais; comme il n'est point une manie ni une sottise qui ne fasse le tour de l'Europe, quel qu'en soit le point de départ sur le globe, la fureur de la teinture des cheveux, ainsi qu'on l'a vu précédemment, s'est répandue comme une contagion. Plus tard, n'ont-elles pas eu aussi leur vogue, pour ne pas dire leur culte: et la perruque *in-folio* à la Louis XIV, et la binette[1] descendue de son chef olympien au front de ses sujets, et la perruque en tête naissante, et là perruque blonde des Clitandre?

> *Vous êtes-vous rendue, avec tout le beau monde,*
> *Au mérite éclatant de sa perruque blonde ?*

dit le jaloux Misanthrope, en parlant de Clitandre à Célimène. Si Agnès Sorel, si Diane de Poitiers, si Gabrielle d'Estrées, ces reines illustres de la mode auxquelles il n'a manqué qu'une couronne fermée, étaient blondes comme la belle Paule de Toulouse tant renom-

---

1. Du nom du grand faiseur Binet.

mée au xvi° siècle[1]; si Marie Stuart avait également, sur son double trône, le front ceint d'une blonde chevelure, blonde sans mensonge, — combien autour d'elles, de Brunes qui rougissaient de leur couleur, et travaillaient à la changer! Voyez le Recueil de luxe des portraits de la Cour de Henry VIII par Holbein[2]; voyez les deux magnifiques volumes de crayons, publiés par Niel[3], presque toutes les femmes, les Anglaises surtout, y sont de la teinte rousse, si fort décriée depuis. Est-ce que l'*Arte biondeggiante* n'a pas, pour la plupart passé par là?

La grande Élisabeth d'Angleterre, qui s'excusait toujours du négligé de ses vêtements,

---

1. Quand elle paraissait, la foule des admirateurs s'amoncelait comme les flots d'une sédition. Il ne fallut rien moins que l'intervention des capitouls pour la sauver des importunités de ces idolâtres. Mais les sages magistrats connaissaient trop le cœur humain pour ne pas solliciter et obtenir, en compensation, de la condescendance de l'idole qu'elle se fît, deux fois par semaine, la douce violence de paraître en public.

2. *Imitations of original drawings, by Hans Holbein, in the collection of His Majesty, for the portraits of the illustrious persons of the court of Henry VIII, engraved by Bartolozzi.* London, 1792-1802.

3. *Portraits des personnages français les plus illustres du xvi° siècle,* publiés avec notices par Niel. Paris, Le Noir.

bien qu'elle fut atournée et parée comme une châsse, portait une perruque d'un blond roux saupoudrée de perles : « She wore false hair, and that red, » dit Paul Hentzner [1].

Qui ne sait encore que la Reine Margot, ange ou démon à ses heures, la première femme de Henri IV, qui, « par la seule vue de l'yvoire de son bras, » selon l'idolâtre père de Coste [2], faisait tomber à ses genoux les cœurs les plus froids, avait ajouté la coquetterie de la chevelure à ses autres séductions. Elle faisait tondre ses pages pour dissimuler sous leurs tresses cendrées la noire chevelure dont la nature l'avait parée.

Au siècle de Louis XIV, le siècle le plus emperruqué qui ait illuminé le monde, que de Blondes aussi, Blondes naturelles à ravir ! Mais en même temps, que de Brunes qui se cachaient sous une perruque cendrée, à côté de rares Brunes s'obstinant à rester Brunes !

La Reine Anne, la Reine Marie-Thérèse

---

1. *Travels in England.* Drake, II, 80. en dit autant.
2. *Vies ov Éloges des dames illustres*, t. II, p. 301.

(la mère et la femme de Louis XIV), la Reine d'Espagne Elisabeth de France étaient blondes, et en étaient fières. Nombre des Frondeuses les plus intrépides avaient aussi le feu dans les cheveux comme le trait dans le regard : et la Grande Mademoiselle, et son aide de camp la comtesse de Fiesque aux cheveux cendrés avec des yeux noirs brillants, et la duchesse de Longueville, Blonde argentée avec les yeux d'azur ; et la mère de toute intrigue, la duchesse de Chevreuse.

Ajoutez madame de Hautefort et *Madame*, Henriette d'Angleterre, duchesse d'Orléans, qui avaient à souhait des cheveux cendrés les plus beaux du monde. Ainsi encore étaient nées la marquise de Sévigné et les comtesses de Grignan et de La Fayette. Enfin, l'illustre Ninon, la douce violette La Vallière, la fière Montespan, et la belle Fontanges, si cruellement « blessée au service, » réunissaient toutes les teintes du blond le plus goûté.

En revanche, l'héroïne des *Alleluia*, la Marie Mancini, le premier amour persistant de Louis XIV, cette Italienne laide, ardente,

audacieuse et spirituelle, à qui l'amour avait
prêté un charme dont elle était dépourvue,
était noire comme jais. La majestueuse duchesse de Montbazon avait les cheveux noirs
et trop de fierté pour ne les pas garder.
Soyou, fille d'honneur de la femme du premier duc d'Orléans, Soyou, qui, « sans posséder, de l'avis de madame de Motteville,
toutes les grandes beautés qui, selon les règles,
composent la beauté, » avait, cependant,
d'une volée de ses beaux yeux noirs, rendu
fou d'amour le duc d'Orléans. Eh bien! c'était
une Brune orientale, brune comme la Sunamite, et s'en faisant gloire. La célèbre Char-
lotte Saumaise, comtesse de Flécelles-Brégy,
s'est peinte, en tête de ses *Lettres et œuvres
poétiques,* avec des cheveux bruns et lustrés.
C'était sè risquer, alors que la brune-mar-
quise de Maintenon, aux yeux noirs de feu,
ne régnait pas encore; mais les perruques
blondes n'en faisaient pas moins fortune.
Ainsi, la duchesse de Chastillon,

Dont sans amoureux aiguillon,

Le plus sévère et le plus sage
N'eût su lorgner le visage,

comme disait le bonhomme Loret dans sa *Muse Historique;* Madame de Chastillon, qui avait le malheur d'être brune comme Proserpine, comme la Lycoris de Martial, masqua son péché originel sous la poudre et les tresses blondes ; disons le mot, sous la perruque de tendre couleur, ainsi que le faisait, un siècle auparavant, la Louise de Bérenger de La Tour, l'auteur du *Siècle d'or : Le poil doré,* disait-il,

Le poil doré, clair et luisant,
Qui fait un front beau et plaisant
A Louise, est sien, comme on dit :
Ce qu'est vray, car j'estois présent
Quand le marchand le lui vendit [1].

---

1 Bérenger de la Tour, d'Albenas. *Le Siècle d'or et autres vers divers.* Lyon, par Jean de Tournes et Guillaume Gazeau, 1551, petit in-8°, p. 154.

C'est un homme qui de passion aimait à peindre en pied ses modèles, comme on le voit dans sa *Conférence de deux damoiselles,* page 192 et suivante du même recueil :

Anne ha teint fraiz, doux regard, beau visage :
Claude est bien prinse, haulte, droite et menue ;
Anne ha seize ans revolus, auquel aage
Claude n'est point encores parvenue.
Blancheur vermeille en leur face est congrue,
Jaune est leur poil, comme celui des roses ;
Mais pour juger de plus secrètes choses
Je voudrois voir et l'une et l'autre nue.

> *Souvent la belle Iris, d'une tresse dorée*
> *Couvre le brun de ses cheveux :*

écrivait, dans ses madrigaux, M. de la Sablière,

> . . . .
> *Est-elle brune? est-elle blonde?*
> *Rien ne l'égale dans ce monde,*
> *Rien n'égale aussi mon amour ;*
> *Et, sans être inconstant, j'ai la bonne fortune*
> *D'être amant en un même jour*
> *Et d'une belle Blonde, et d'une belle Brune*[1].

« Les têtes à perruque ne manqueront jamais, » disait l'abbé de Saint-Pierre.

Les filles pauvres trafiquaient alors de leurs cheveux comme elles le font encore, de nos jours, en quelques provinces de France. A Néris, par exemple, il y a une foire annuelle où les filles de campagne viennent échanger leur chevelure contre de menus objets de toilette et enrichissent ainsi les colporteurs qui les encouragent à ce vilain trafic.

La France, l'Europe mettaient perruque,

---

1. XXIVᵉ madrigal du Vᵉ livre..

quand elles ne se teignaient pas. Le Triumvirat de Guillaume d'Orange, du prince Eugène de Savoie et du Grand Pensionnaire Heinsius obscurcissait le soleil de Louis XIV; mais vainqueur, il n'en payait pas moins tribut à la perruque de Versailles. L'habile capitaine qui battit à Ramillies le général de l'Œil-de-Bœuf, le duc de Villeroy, et qui trouva la perruque à nœud espagnol du vaincu, dans ses bagages, en couvrit sur-le-champ, avec délices, comme d'une dépouille opime, son chef triomphant.

Mais on ne s'en tenait pas aux perruques, et, comme nous le disions, la tradition des teintures s'était conservée. Sans parler des Orientaux si fiers de leur barbe, les Persans surtout, et qui ont de si magnifiques recettes pour en entretenir le noir brillant, on peut rappeler que, dès le xv⁰ siècle, en France, on se teignait la chevelure en jaune, témoin ces vers du poëte burlesque maistre Coquillart :

> *Tant aux jours ouvriers qu'à la feste,*
> *A Paris, un tas de béjaunes*

Lavent, trois fois le jour, leur teste,
Affin qu'ils aient leurs cheveulx jaunes[1].

Que les hommes ne parlent donc pas si haut devant les femmes, les voilà aussi qui se teignent, et en blond encore! Une tête de femme est une palette d'artiste ; elle change de teinte et de forme de coiffure comme le vent tourne : c'est son privilége ; les hommes n'ont rien à y voir. Il faut bien suivre le mouvement de son siècle! un jour est un siècle pour une mode : « N. est riche, dit La Bruyère, elle mange bien; elle dort bien; mais les coiffures changent, et lorsqu'elle y pense le moins et qu'elle se croit heureuse, la sienne est hors de mode[2]! » Une femme sage ne se laisse pas surprendre. Aussi, tout ce qui s'est fait de revirements en matière de coiffure est incalculable; le cheveu n'a jamais dit son dernier mot. Au treizième siècle, il fait des siennes en France, et soudain un certain chanoine de Reims, maitre Drogon de Hautvilliers, profes-

---

1. *Le Monologue des Perruques ou du Gendarme cassé.* Réimpression faite par Jannet. *Paris,* 1857, t. II, p. 286.
2. La Bruyère, *la Mode.*

seur de droit civil, et dont la *Somme* était
l'ouvrage classique commenté pour l'ensei-
gnement du droit dans les écoles du chapitre,
attaque les perruques sur toutes les têtes, et
fait une sortie à fond contre les affiquets des
femmes, au titre *De la position et des droits
d'icelles*. « Les ornements des femmes, dit-il,
ne sont-ce pas des incantations par lesquelles
elles appellent le Diable à venir en leur compagnie au fond de leur cœur, pour y combat-
tre Dieu? Tous ces affiquets qu'elles mettent
sur leurs têtes, après les avoir reçus de leurs
amants, ne sont-ce pas les couronnes des
triomphes nombreux que par elles le Diable a
remportés?..... Et quand elles portent des
perruques faites de cheveux coupés à des
morts, n'est-ce pas le Diable qui leur donne
cette audace, à elles qui n'oseraient porter la
chemise ou tout autre vêtement d'une personne morte[1]. »

Drogon de Hautvilliers prêchait dans le
désert et n'a converti personne. Les femmes

---

1. FEUILLET DE CONCHES, *Causeries d'un Curieux*, t. II, p. 221.

continuèrent à se livrer sans honte aux mains
des coiffeuses et même des coiffeurs, en dépit
des canons de ce fameux concile d'Elvire,
tenu en 3o5, qui leur défendait, sous peine
d'excommunication, de se faire accommoder
par des hommes. Et, de leur côté, les hommes
ne se contentaient pas du goût profane de la
perruque ; ils eurent, vers la moitié du qua-
torzième siècle, dans la péninsule ibérique,
la diabolique fureur des barbes postiches, si
bien que les lois somptuaires intervinrent, et
qu'un arrêté des Cortès, rendu en 135 1, sous
le Roi de Castille Pierre le Cruel, menaça les
barbes menteuses de peines sévères.. Et pour
le faire court, sautons de plusieurs siècles, et
donnons-nous, sur la question, le régal des
aménités de la marquise de Sévigné, la merveille de tous les pays. Il y a plus de vérités
dans ses feuilles légères, que dans tant d'*in-
folio* de nos philosophes, qui ont embrouillé
la raison humaine pour essayer de nous rendre sages.

Par elle, on connaît la Martin, célèbre coif-
feuse qui *brétaudoit* par plaisir à l'*hurluberlu*

la jeune duchesse de Nevers, comme une poupée de mode; *testonnoit* la vieille madame de La Mothe à faire pâmer de rire le Roi et toutes les dames sensées[1], et, suivant Ninon, « faisoit ressembler comme deux gouttes d'eau madame de Choiseul à un printemps d'hôtellerie[2]. » L'*hurluberlu*, coiffure à cheveux courts, était outré jusqu'à la folie[3]. Il y avait des femmes, disait la marquise, « qui poussoient l'exagération si loin, qu'on eût voulu les souffleter[4]. » Voilà qui est parler. Mais soudain la mode touche du doigt toutes les têtes; vite on supprime les « cent petites boucles sur les oreilles, qui sont défrisées en un moment, qui siéent mal, et qui ne sont non plus à la mode que la coiffure de la reine Catherine de Médicis. » Et une duchesse et une comtesse, qui font loi, ont l'art de s'accommoder à l'*hurluberlu* modifié et d'être charmantes. La réforme triomphe. Madame de

1. Lettres de madame de Sévigné à sa fille, 18 mars 1671.
2. *Id.*, 1er avril 1671.
3. *Id.*, 18 mars.
4. *Id.*, 1er avril.

Sévigné « se rend, » et conseille l'*hurluberlu*
à sa fille[1]. Fortune, voilà de tes coups! Quelques années encore, et l'*hurluberlu* est relé-
gué avec les coiffures de la reine Berthe et
les vieilles lunes de Villon.

« Je voudrois, dit la marquise écrivant, des
eaux de Vichy, à la comtesse de Grignan,
que vous vissiez jusqu'à quel excès la présence
de Termes et de Flamarens fait monter la
coiffure et l'ajustement de deux où trois belles
de ce pays. Enfin, dès six heures du matin,
tout est en l'air: Coiffure hurlupée, poudrée,
frisée, bonnet à la *Bascule*, rouge, mouches,
petite coiffe qui pend, éventail, corps de jupe
long et serré, c'est pour pâmer de rire. Cependant il faut boire, et les eaux leur ressor-
tent par la bouche et par le dos[2]. »

Et le temps marche emportant les modes,
comme le vent la poussière. Quatorze ans
après, madame de Sévigné met la bride sur
le cou à sa plume et trace en courant un nouveau chapitre de modes.

---

1. Lettres de madame de Sévigné à sa fille, 4 avril 1671.
2. *Id.*, 6 septembre 1677.

« Parlons, écrit-elle le 15 avril 1691, au duc de Chaulnes, de la plus grande affaire qui soit à la cour. Votre imagination va tout droit à de nouvelles entreprises. Vous croyez que le Roi, non content de Mons et de Nice, veut encore le siége de Namur. Point du tout. C'est une chose qui a donné plus de peine à Sa Majesté, et qui lui a coûté plus de temps que ses dernières conquêtes. C'est la défaite des *Fontanges* à plate couture. Plus de coiffures élevées jusqu'aux nues, plus de *Casques*, plus de *Rayons*, plus de *Bourgognes*, plus de *Jardinières*. Les princesses ont paru de trois quarts moins hautes qu'à l'ordinaire. On fait usage de ses cheveux, comme on faisait il y a dix ans. Ce changement a fait un bruit et un désordre à Versailles qu'on ne sauroit vous représenter. Chacun raisonnoit à fond sur cette matière, et c'étoit l'affaire de tout le monde. On nous assure que M. de Langlée a fait un traité sur ce changement, pour envoyer dans les provinces. Dès que nous l'aurons, monsieur, nous ne manquerons pas de vous l'envoyer. »

Et toutes ces belles choses étaient encore renouvelées de l'antiquité. En effet, si la France avait eu ses *Hennins* sous Charles VI, puis sous Louis le Grand son *Hurluberlu*, ses coiffures à la *Mongobert* et à la *Paysanne*, ses *Fontanges* et ses bonnets à la *Bascule ;* si elle avait eu la *Duchesse* et le *Solitaire*, le *Chou* et le *Tête-à-Tête*, le *Mousquetaire* et la *Culbute*, le *Croissant*, le *Firmament* et le *Dixième Ciel*, la *Palissade*, la *Souris* et l'*Effrontée*, l'antiquité avait eu, Plaute le prouve, son *Petit Linge Blanc*, son *Epi de Blé*. Elle avait eu l'*Etrangère* et la *Basilique*, le *Jaune Souci* et la *Vermillonne*, la *Méline* et la *Plumatile*, la *Diamantée*, la *Cérine* et la *Transparente*, et mille autres encore à fatiguer une de ces mémoires que Gassendi appelait célestes. Telle coiffure rappelait un avénement, telle un amour célèbre ou une comédie en vogue, ou une victoire ou une défaite. L'histoire publique ou anecdotique s'écrivait ainsi en cheveux sur l'aile des papillons et des vents.

La tempête révolutionnaire de 92 et 93 n'a pas emporté tout souvenir du dictionnaire des *Académiciens et Académiciennes de coiffures et de modes* : les Frison, les Dufour, les Larseneur, les La Garde, les Le Gros, les Léonard, qui *tignonnoient* la ville et la cour sous Louis XV et sous Marie-Antoinette. On ferait un poëme héroï-comique sur les œuvres de ces grands artistes qui voyaient dans une boucle à l'*Aventure* et à la *Légère*, à la *Cabriolet* et à l'*Inconstance,* dans l'art du *Tapé* et celui du *Frisé* autant que M. de Vestris savait voir dans un menuet :

> *La Dodun dit à Frison,*
> *Coiffez-moi avec adresse ;*
> *Je prétends avec raison*
> *Inspirer de la tendresse.*
> *Tignonnez et tignonnez, bichonnez-moi,*
> *Je vaux bien une duchesse !*
> *Tignonnez et tignonnez, bichonnez-moi,*
> *Je vais souper chez le Roi*[1]*!*

Il y aurait, dans le poëme du cheveu, un beau chant à consacrer au temps de la blonde et adorable Reine Marie-Antoinette, ce temps classique où la coiffure montait si haut qu'une

---

1. Chanson conservée par les *Mémoires* de Maurepas.

femme de taille moyenne avait le menton à mi-chemin des pieds. C'était de l'architecture en règle, et Vitruve n'eût pas été de trop pour en écrire, s'il eût su versifier. Le Pouff au *sentiment* viendrait détrôner la *Quesaco*. Les coiffures à l'*Inoculation*, à l'*Iphigénie*, à la *Révolte*, à la *Jardinière*, se précipiteraient comme les événements. On aurait les *Marmottes*, on aurait la *Daphné*, on aurait la *Victoire* et le *Becquot*, les pouffs à la *Puce* et les toques à l'*Espagnolette*, les *Levers de la Reine*, les *Hérissons* et les *Porcs-épics*, les *Toupets à tempérament* et les *Bandeaux d'amour*. Que n'aurait-on pas ? sans compter les *Prairies*, les *Montagnes*, les *Forêts* et les *Volcans*, les frisons gigantesques portant des attributs de famille en ronde-bosse et de petites frégates : la *Junon* ou la *Belle-poule*; sans compter enfin les coiffures à la *Nation*, au *Charme de la liberté*, à la *Pallas* et à la *Prêtresse*, jusqu'au jour terrible où la hache révolutionnaire abattit les cheveux avec les têtes !

Ah! qu'elle avait bien raison, la faiseuse

de la Reine, quand elle disait qu'il n'y a de
nouveau que ce qui a été oublié! Que prouve,
en effet, cette digression à vol d'oiseau, qui
rencontrerait dans tous les pays les mêmes
et bizarres variations, affectant seulement
d'autres noms et d'autres formes? C'est que
tout arrive sous le ciel, depuis que s'est
ouverte la boîte de Pandore; c'est que tout
change et passe, hormis le cœur humain et
ses vanités; c'est que la mode est un cercle
dont la rotation emporte et ramène sans
cesse au même point nos vœux, nos cœurs,
nos brigues, nos jeux et nos plaisirs. Voyez
notre Venise : tantôt la coiffure y est plate et
lisse, ou bien tuyautée en frisures parallèles;
tantôt elle s'enroule en nattes, ou flotte en
tresses où le vent se joue; tantôt elle s'em-
prisonne dans une résille, ou bien elle se
serre sous des lacs de perles ou de bijoux, ou
bien encore elle se relève en flocons ou se
dresse au-devant de la tête en forme de croissant à petits frisés. C'est à l'infini, et toujours
à ravir. Demain se rira d'hier, comme ces
fétiches de village qui se moquent des divi-

nités du village voisin. Eh bien! voilà que la roue a tourné et que la mode des coiffures en croissant du xviᵉ siècle reparaît aujourd'hui même, à l'heure où nous écrivons. La place Saint-Marc en serait pleine, si on se promenait encore à Venise. C'est pour le coup, assurément, qu'on pourrait voir se renouveler, si le fameux carme breton, Thomas Corrette, était encore de ce monde, les réjouissantes colères dont il poursuivait, sous Charles VI de France, les coiffures à cornes, ces *Hennins* maudits, dont les *Fontanges* de madame de Sévigné n'étaient qu'un abrégé mignon. C'étaient des cris à troubler les saints des verrières sacrées dans les églises. Un peu plus tard, un certain chevalier de La Tour-Landry et Jouvenel des Ursins joignaient leurs clameurs à ces clameurs. « Que sont ces ouvrages à cornes? s'écriaient-ils; les femmes n'ont-elles pas l'air de licornes ou de cerfs dix-cors? ne semblent-elles pas faire les cornes à leurs maris? ne ressemblent-elles pas elles-mêmes à des diables cornus? » et autres aménités contre les « nouvelletés et jolivetés » du temps. Mais la mode était sourde et ne prenait pas même le temps de hausser les épaules. Eh! bon Dieu! prédicateurs inexorables, flagellateurs aveugles de capucinière, n'êtes-vous donc pas comme nous, nés de femme? Bannissez une bonne fois le langage de ces ascétiques en délire, noyés de nénuphar et d'*Agnus castus,* qui insultaient à la femme en l'appelant *vase d'infirmité*. Laissez passer, laissez faire et laissez rire. — Ce n'est point là qu'est la morale. Au temps de la Ligue, le curé de Saint-Germain-l'Auxerrois donnait le conseil en chaire « de se saisir de ceux qu'on verrait rire et de les assommer et traîner à la rivière[1]. » On n'en rit que plus fort, et la Satyre Ménippée, la Gauloise, naquit du rire et de l'indignation. Jadis, Ésope jouait aux noix, et Socrate philosophait en riant : je ne crois pas qu'ils soient damnés : j'ai pour moi le bon et malin Érasme, toujours tenté de dire : *Sancte Socrates, ora pro nobis!* Et, pour en revenir à la femme, ses vrais

---

1. *Journal de* L'Estoile, 21 avril 1791.

amis ne sont pas ceux qui la chargent d'ob-jurgations, encore moins ceux qui ne sont entraînés que par sa beauté ; ce sont ceux qui goûtent ses qualités et en deviennent meilleurs, ce sont ceux que ses défauts touchent et attendrissent. La Providence, qui a bien fait tout ce qu'elle a fait, sait bien pourquoi elle a donné à la femme avec sa beauté le penchant naturel de plaire, même sans dessein ni désir. La honte sacrée de la pudeur est là comme contre-poids à la co-quetterie.

Que de fois n'avons-nous pas entendu se récrier sur les conversations des femmes tou-chant la toilette ! Eh bien ! nous sommes de ceux-là qui ne se déplaisent point à ces conversations. Il est, en effet, inimaginable combien les femmes y dépensent d'idées, d'invention, de goût, de sentiment de l'art, d'un art plein de charme. Loin, loin ces hi-deuses richesses de la science qui appau-vrissent l'imagination : là, tout coule de source, tout est grâce, tout est ligne délicate, tout est riche contour, tout s'ingénie à favoriser ces riantes ondulations où réside la beauté ; et si l'artifice vient à se glisser dans le dessin, c'est un artifice consolateur qui ramène chaque chose à sa place, qui corrige les oublis, les écarts et les outrages de la nature et du temps.

L'étude qu'avaient mise nos mères à se faire blondes avait longtemps dépassé toute borne et s'était obstinée dans les mœurs ; et puis, successivement leurs visées se portèrent vers d'autres imaginations. Toute la société des femmes, haut et bas, y avait trempé ; mais bientôt les femmes honnêtes en rougirent, et celles qui étaient brunes gardèrent le naturel de leur couleur d'ébène.

N'est pas Brune qui veut.

Enfin, *l'arte biondeggiante* retomba dans le domaine de *Venus meretrix* : ce fut une marque au front et l'affiche de la Courtisane · « *l'Arte biondeggiante à forza di tinture,* dit le Guasco, *era eziandio un indizio d'anima lasciva.* » De son côté, Mathieu Rader a écrit : « *Matronæ honestiores, comam nigram alebant ; flavam, lupæ.* » Les mœurs, à vrai dire, n'étaient pas plus mauvaises là qu'ailleurs : elles étaient ce qu'elles sont dans toutes les capitales du monde ; seulement la licence et la dissolution s'affichaient davantage, et l'asile sacré de la gondole joignait le secret à la liberté sans limite. Ce n'est pas qu'il faille croire à tout ce qu'on a dit de cette liberté, bien qu'il y ait eu beaucoup à en dire, surtout de certaines religieuses qui ont donné l'occasion de calomnier les couvents en matière de galanterie. « Pétrarque a imaginé le roman de l'amour, Boccace en a écrit l'histoire, et les cloîtres en ont épuisé la science, » c'est là un mot trop exagéré de Lémontey[1]. Jugez-en toutefois sur les rapports du cardinal de Bernis, de Casanova de Seingalt, du président de Brosses ; quand ce dernier visitait la reine, alors si gaie, de l'Adriatique[2] :

« Il y avoit, dit-il, une furieuse brigue entre trois couvents de la ville, pour savoir

---

1. Lémontey. *Parallèle moral et physiologique de la danse, du chant et du dessin.* Œuvres, t. II, p. 253.
2. Voyez le n° IX de l'*Appendice*.

lequel auroit l'avantage de donner une maîtresse au nouveau nonce qui venoit d'arriver. »

Toutes les religieuses que de Brosses avait
vues à la messe, au travers de la grille,
causer tant qu'elle durait et rire ensemble, lui
avaient paru jolies au possible et mises de
manière à faire bien voir leur beauté, presque *in vestito di confidenza*. « Elles avaient,
dit-il, une petite coiffure charmante, un
habit simple, mais bien entendu, presque toujours blanc, qui leur découvrait les épaules et
la gorge, ni plus ni moins que les habits à la
romaine des comédiennes. »

Et les Courtisanes donc, qui tenaient le
sceptre, c'était une rénovation de l'antiquité
grecque et romaine, c'était une caste, un
ordre dans l'Etat.

Et de fait, pour un autel érigé à la Pudeur,
les Grecs en avaient cent dédiés à Vénus, à
Priape, à Mercure, à Bacchus, à l'Amour. Les
Romains avaient de plus le culte de Phallus.
de Cotytto, de Persica, de Prema, de Pertun-
da, de Lubentia, de Voluppia, et d'autres en-

core ; et les dieux et les hommes étaient com-
plices du rayonnement des courtisanes. Les
lois les protégeaient pour corriger peut-être
des vices plus odieux. Devenues prêtresses de
Vénus dans la Grèce, on les voyait, aux fêtes
de la Déesse, assister aux sacrifices, marcher
aux processions, comme des canéphores
athéniennes, avec les autres citoyens, et mêler
leurs voix à leurs voix pour chanter les
hymnes sacrés.

A Rome, au temps de la décadence des
mœurs, des courtisanes, précédées de trom-
pettes, *florali tubâ,* se rendaient toutes nues
aux jeux floraux.

Ainsi, dans ces temps de vertige, la société
moderne semblait retourner au paganisme où
la volupté était une science et un art, comme
la philosophie et la poésie. Ainsi l'on eût dit
que nos vestales vénitiennes, peu soucieuses
du feu sacré, faisaient concurrence aux courtisanes. De Brosses dit bien que le nombre de
celles-ci n'était pas si grand à Venise que l'on
marchât dessus ; c'était bon pour le temps de
carnaval, où, suivant lui, l'on trouvait, « sous

les arcades des Procuraties, autant de femmes couchées que debout; » mais les Laïs et les Phryné de Venise, personnages fort goûtés, fort choyés, fort employés, ne s'élevaient pas à plus du double de ce qu'il y en avait à Paris, et Paris, on le sait, n'est pas le lieu où le démon tient ses assises. Celles de France, depuis que les fermiers généraux et les maltôtiers les avaient mises en dignité, se montraient provocantes et se donnaient des airs de prendre, en princesses, le haut du pavé; tandis que toutes celles de Venise, les voyageurs en témoignent, De Brosses en tête, étaient d'une douceur d'esprit et d'une politesse charmantes, toujours le mot gracieux et le baiser sur les lèvres, prenant à témoin *la Beatissima Madonna di Loreto :* des pécheresses, les mains croisées et l'œil au ciel.

Il est bien spirituel et bien amusant, ce cher président de Brosses, sorti de cette ville bénie de Dijon, où l'esprit se respire avec l'air; il est bien amusant, trop amusant, quand il parle de notre folle Venise, et qu'il lui fait ses adieux.

« C'est demain, écrit-il, le 29 août 1739, à

son ami de Blancey, demain qu'il me faudra
quitter mes douces gondoles. J'y suis actuelle-
ment, en robe de chambre et en pantoufles, à
vous écrire, au beau milieu de la grande rue,
bercé par intérim d'une musique céleste. Qui
pis est, il faudra me séparer de mes chères
Ancilla, Camilla, Faustolla, Zulietta, Ange-
letta, Catina, Spina, Agatina et de cent mille
autres choses en *a* plus jolies les unes que les
autres. Ne faites-vous pas un peu la mine, mon
doux Neuilly, en me voyant l'esprit orné de
si belles connaissances ? Vous voyez bien que
ce n'est que plaisanterie quand je parle à vous.
D'un autre côté, c'est réalité, quand je parle
à ce libertin de Blancey. Lequel des deux, le
véritable ? Belle question ! peut-elle être faite
par des gens qui connaissent l'extrême régu-
larité de mes mœurs ? Je ne crois pas que les
fées ni les anges ensemble puissent, de leurs
dix doigts, former deux aussi belles créatures
que Zulietta et l'Ancilla. Lacurne est très-féru
de la première, et moi de la seconde, depuis
que je l'ai vue un jour déguisée en Vénus de
Médicis, et aussi parfaite de tout point. Elle

passe avec raison pour la plus belle femme de l'Italie. Notre ambassadeur [1] me paraît avoir grande envie d'être l'ami de la première ; et celui de Naples, de l'être] bien fort de la seconde.

« Ce n'est qu'ici au monde que l'on peut voir ce que j'ai vu : un homme, ministre et prêtre, dans un spectacle public, en présence de quatre mille personnes, badiner d'une fenêtre à l'autre, avec la plus fameuse catin d'une ville, et se faire donner des coups d'évantail. Savez-vous bien que je trouvai un jour à cette princesse un poignard dans sa poche ! Elle prétendit que, dans sa profession, on était en droit de le porter pour la manutention de la police dans la maison [2]. J'en suis moins sur-

1. Le comte de Froullay.
2. La Zulietta de Jean-Jacques, de laquelle nous parlerons tout à l'heure, avait deux pistolets sur sa toilette : « Ah ! ah ! dis-je, et en prenant un, rapporte Rousseau, voici une boîte à mouches de nouvelle fabrique : pourrait-on savoir quel en est l'usage ? je vous connais d'autres armes qui font feu mieux que celles-là. Après quelques plaisanteries sur le même ton, elle nous dit avec une naïve fierté qui la rendait encore plus charmante : « Quand j'ai des bontés pour des gens que je n'aime point, je leur fais payer l'ennui qu'ils me donnent ; rien de plus juste. Mais en endurant

pris depuis que je sais que les religieuses en portent, et que j'ai appris qu'une abbesse, aujourd'hui vivante, s'était jadis battue à coups de poignard contre une autre dame, pour l'abbé de Pomponne. L'aventure ne laissa pas de faire quelque éclat, car elle ne s'était pas passée dans le couvent. »

Eh bien ! cette insolente institution des courtisanes, dont les priviléges étaient si fort enviés à Rome, du temps de Tibère, que nombre de femmes de qualité se faisaient inscrire sur leurs rôles [1]; cette institution si florissante au xvi⁰ siècle, et dont on glissait sous main aux connaisseurs une liste avec adresses, qualités et tarif ; ces faciles amazones qui, pareilles à leurs sœurs du Thermodon, permettaient aux hommes des conférences passagères ; cette caste brillante, corrompue et corruptrice, plus dangereuse encore dans son élégance que ces créatures de carrefour dont la rencontre nous

leurs caresses, je ne veux pas endurer leurs insultes, et je ne manquerai pas le premier qui me manquera. »

1. Suétone, *Vie de Tibère*, ch. xxxv. Tacite, *Annales*, 85.

révolte, elle avait elle-même renoncé à la manie de se blondir, au temps du président de
Brosses. Jean-Jacques Rousseau, secrétaire
de l'ambassadeur de France, comte de Mon-
taigu, successeur de M. de Froullay à Venise,
— Jean-Jacques, qui raconte avec tant de
charme, dans ses *Confessions*, sa rencontre
avec la Zulietta de ce dernier ambassadeur :
une jeune personne éblouissante, enchante-
resse, fort coquettement mise et fort leste,
dont les grands yeux noirs à l'orientale lan-
çaient dans son cœur des traits de feu [1], bien
qu'elle fût Brune et qu'il n'eût guère de faiblesse que devant les Blondes [2]; Casanova,
qui dit tout ce qui est à dire et surtout ce
qu'il faudrait taire ; De Brosses, qui a étu-

---

1. *Confessions,* part. II, livre vii, tome II, page 79, édition de
Dalibon.

2. Nous ne savons de quelle couleur était la misérable Thérèse
qui déshonora sa vie. Mais l'initiatrice de Jean-Jacques, madame
de Warens, était blonde. Sa Julie, son héroïne, son idéal, était
blonde. Mademoiselle de Menthon était d'un blond cendré. Madame
Basile était brune, il est vrai. Brune aussi était cette fille du comte
de Gouvon, mademoiselle de Breil, dont Jean-Jacques fut si fort
frappé. « Mais, dit-il, elle portait sur son visage cet air de douceur des blondes, auquel mon cœur n'a jamais résisté. »
Confessions, partie I, livre iii, tome Iᵉʳ, p. 150.

dié en physiologiste l'espèce sur nature, ne sonnent mot de Blondes factices. C'est que, depuis longtemps, encore une fois, la mode en était passée, dédaignée des courtisanes elles-mêmes. Et voilà, dit-on, pour en revenir à notre début, que Paris est tout à coup saisi du vertige de *l'arte biondeggiante*. Sainte Vierge de Liesse! où en sommes-nous?—Et qui donc a donné ce bizarre et funeste exemple? Il est venu, le croirait-on? il est venu de Londres, oui de Londres, avec ses courtisanes et ses aventurières; de Londres, la cité du *cant* et de la pruderie, qui se voile la face au son des mots les plus innocents de la toilette, qui s'écrie contre la noblesse du nu dans l'art italien, cette *naked majesty* de Milton [1]; de Londres, qui attribuait à Paris la grand' ville le monopole des fermières de vices élégants. Une Anglaise,

---

1. Vêtus de leur dignité native dans une majesté nue,

> .... *With native honor clad*
> *In naked majesty.*

MILTON, *Paradise lost*, book IV, v. 290, 291.

longtemps nommée *miss Anonyma* , qui
dompte les plus fougueux chevaux comme
une écuyère de Cirque ; qui se mêle sans
scrupule aux groupes des amazones du
grand monde, aux matrones, aux misses de
la *Nobility* et de la *Gentry*, à Hyde Park ; qui
fait piaffer ses fins coursiers à de grandes
chasses aristocratiques :

> *With such array, Harpalyce bestrode*
> *Her Thracian courser* [1] ;

c'est elle qui la première s'est doré les cheveux au moyen de drogues, et qui rayonne
sous la crinière léonine comme le blond Phœbus. Une autre, une Anglaise encore, qui s'est
décorée du nom le plus digne des perles d'O-
rient, jadis si fort prisées à Venise ; qui le dis-
pute de teinture et de blond factice avec sa
compatriote de Hyde Park, éclabousse Paris
de son luxe et du sabot de son cheval. Ainsi
est suscité le goût de se blondir chez les courtisanes parisiennes, aujourd'hui organisées

---

1. Dryden, d'après Virgile (*Enéid*, l. I, v. 316).

dans la grande capitale, comme la caste de l'antique Venise, maintenant disparue ; — caste funeste, qui dévore cœur, corps et biens, les Adonis de tout âge à qui plaisent ces espèces de femmes ; qui démocratise les bonnes familles en avilissant leurs fils, dissout les sociétés privées, et contribue à la démoralisation et à l'ébranlement de la grande société même ! Les progrès du luxe et le relâchement des mœurs ont dégoûté tant d'hommes du mariage, qu'une sorte de promiscuité en commandite s'accrédite et se multiplie. C'est l'âme qui donne des sens à l'amour ; mais de tout cela, l'âme est absente. Tel adolescent, à figure fatiguée comme une gazette de la veille, s'éteint dans les indolences d'une vie inutile. Tel vieillard, qui croit se rajeunir, semble le Dieu du Temps faisant danser les Heures.

Eh bien ! c'est donc du sein de cette classe tarifée qui souille le plaisir, à laquelle, à force de facilité de mœurs, on est trop enclin à faire grâce du mépris ; c'est de cette source impure que partirait, pour remonter plus haut, la mode de se blondir. La fureur est surtout pour cette teinte, autrefois l'objet de tant d'anathèmes, le rouge cuivré, que tout le talent d'Eugène Sue n'avait pu réussir à réhabiliter avec son héroïne, mademoiselle de Cardoville.

Que si cependant, par impossible, les femmes respectées purifiaient cette mode en l'adoptant, résignons-nous. Ce que femme veut, Dieu le veut.

Mais quel dommage ! Ah ! ce n'est pas autour de nous, tout indulgents et faciles que nous soyons, que s'accompliraient ces métamorphoses. Ajouter quelque affiquet et léger pompon à la nature peut être du goût ; est-ce du goût que de la violenter ? Respecter la nature, c'est respecter la beauté même. Tenez, elles sont là sous nos yeux trois jeunesses qui en remplissent de toutes leurs forces les conditions, chacune à sa manière, et qui resteront ce que Dieu les a faites.

Modérée en tout, l'une tient le milieu entre la Blonde et la Brune.

La seconde est Brune, mais Brune comme les Muses, comme Andromède, comme Julie d'Angennes, comme la Sunamite, comme les filles du Liban où elle est née.

La troisième, à la fois indolente, folâtre et lutine, est blonde comme les blés.

Simple, accorte, fine et délicate, la première porte, sous les traits les plus distingués et les plus aimables, tout l'intérêt de sa bonté; elle voit partout et partout veut le bien. Elle calme, elle apaise, elle concilie, elle a du baume pour toutes les blessures; et, semblable à mademoiselle de Lamoignon, elle s'opposerait même à ce qu'on dît du mal du diable. Elle accroît son bien-être de tout ce qui l'entoure. Son ambition se borne à reposer sa vie sur l'alliance du devoir et du bonheur. Sa réserve ne lui coûte rien, parce que chez elle ce n'est plus une qualité, mais une habitude. Elle est la Foi et la Charité.

Si la seconde n'avait dans tout son air l'accent oriental, nous dirions qu'elle est née en Grèce, dans ce quartier privilégié de l'Athè-

nes antique, le Cotyle, où les enfants naissaient
plus beaux. Sa taille aisée, délicate et légère
comme le palmier qui va croître, est pleine
d'accord dans tous ses mouvements ; à sa démarche on sent qu'elle a des ailes. Les flots
de sa chevelure d'ébène ondulent comme ceux
de la statuaire antique ou tombent comme un
manteau de reine. Ses yeux, les yeux de la
Minerve d'Homère, une nuance du bleu, sont
couronnés d'arcs foncés d'un dessin achevé.
Des cils, longs à ravir, noirs comme jais,
voilent un regard profond, tour à tour scintil-
lant ou velouté. Heureux qui, entré par la porte
d'ivoire, sentirait se reposer sur lui son regard d'indulgence ! Un jour, un poëte persan,
la voyant et l'entendant parler, à Isfahân,
s'écria : « Si les roses parlaient, cette bouche
serait la reine des fleurs. » Bon Persan, ne
croyez pas trop à ce sourire. Nulle bouche
n'aiguise mieux la raillerie, nulle dent de perle
ne mord avec plus de malice. Sous le velours
de ces doigts effilés on sent la griffe féline :
Sauve qui peut ! Mais un fonds d'inépuisable
bienveillance tempère tout cela, et cette fille

aimée du soleil, née de sang français, est la raison relevée de charme et de fantaisie. »

En vraie Blonde, la troisième s'écoute vivre, à ses heures, d'une vie paresseuse et molle, la tête sous son aile, et se permet tout au plus le sourire. Vous supposez qu'elle sommeille; elle ne dort que d'un œil, et soudain la voilà qui éclate comme le vin de Sillery, dont sa chevelure, toujours dénouée, emprunte la couleur transparente. La voilà qui bondit et qui vole, légère comme une abeille. La vie petille dans le tissu éclatant de sa peau. La malice habite ses lèvres; son regard bleu étincelle. Tout rit et chante en elle la jeunesse et la gaieté, et vous diriez qu'elle tient en main le carquois et la flèche. Ce qui nous égaye, c'est sa mutinerie; ce qui nous charme, c'est sa grâce; ce qui nous sauve, c'est son droit sens et son cœur d'or. Elle est l'Espérance, l'Espérance blonde comme elle.

Nous avons esquissé l'histoire des Femmes Blondes suivant les maîtres de l'École Vé-

nitienne. Le blond rutilant, le blond doux,
melliflu et cendré, le blond hispano‑arabe
à reflets métalliques, toutes ces nuances
opulentes ou délicates, qui prêtent un charme
si puissant aux visages féminins, ont été l'une
des grâces de nos admirables peintres. Adorons les femmes à qui Dieu a départi ces
dons naturels ; mais fléchissons le genou
devant la Brune, qui sait rester brune, et répétons avec elle et avec le poëte du bon
sens :

Rien n'est beau que le vrai, le vrai seul est aimable.

Venise, le 15 novembre 1864.

APPENDICE

I

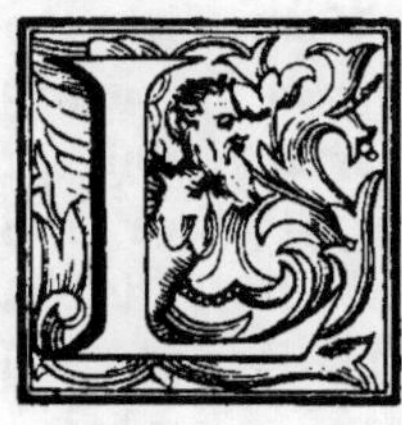

A fête dite de la *Sensa* (abréviation vénitienne de *Ascensione*) était, sans comparaison, la plus belle des fêtes vénitiennes ; elle en était aussi la plus célèbre, et tous les peuples de l'Orient et de l'Occident la tenaient pour un véritable triomphe du pays Vénitien. Les étrangers affluaient alors innombrables : c'était à la fois une fête pour les curieux, pour le commerce, pour la nation.

C'est ce jour-là que le rôle du Doge apparaissait dans son éclat le plus fastueux. L'étiquette et le cérémonial auxquels il devait se conformer lui étaient imposés par des règlements ayant force de loi, et tout le détail s'en trouvait prescrit dans ce que nous pourrions appeler les *Grands-Livres* de la Sérénissime République. Il est donc aisé d'en connaître les particularités officielles.

Six jours avant la solennité de l'Ascension, le chevalier d'honneur du Doge ordonnait à un délégué de la magistrature dite *del Sopragastaldo* (de la Surintendance) d'inviter les podestats de Murano, de Torcello et de Malamocco à figurer au cortége du Doge, lorsqu'il se rendrait au Lido sur le *Bucentaure*. Ils ne pouvaient y manquer, sous peine d'une amende déterminée, et il ne leur suffisait pas de faire un simple acte de présence, ils étaient astreints à paraître sur de petits navires armés et ornés, pour escorter honorablement le vaisseau souverain.

Dans le même délai de six jours, le même chevalier d'honneur devait se rendre à la chancellerie inférieure et se faire donner la liste des magistrats dépendants du sénat[1] qu'il convenait d'inviter à l'auguste cérémonie des épousailles de la mer (*sposaliẑio del mare*), cérémonie destinée à honorer et consacrer le souvenir de l'insigne victoire remportée par nous, l'année 1178, sur l'empereur Frédéric Barberousse pour la défense et la sauvegarde de l'illustre pontife Alexandre III. C'était encore le même chevalier à qui incombait la surveillance des apprêts du *Bucentaure*. La magistrature dite des *Rason vecchie*, dépositaire habituelle des splendides argenteries de l'Etat, en réglait et payait les dépenses; l'achat de l'anneau *nuptial*, qui du reste n'était qu'un simple cercle d'or, la désigna-

---

1. *Sotto pregadi.* c'est-à-dire nommés, élus par le Sénat, différents en cela des magistrats dont l'élection appartenait aux votes 'du Grand-Conseil.

tion des places sur le grand navire, le soin de l'envoi de la barque de gala au Patriarche, le concernaient aussi; en un mot, il était le Maître des Cérémonies de cette pompeuse solennité, si religieusement observée jusqu'à la dernière année de notre existence quinze fois séculaire.

La veille même de la solennité, le Doge se présentait à son cortége dans les salles supérieures du palais, et se transportait, environ vers les deux heures de l'après-midi, à l'église de Saint-Marc, passant par la place en grand gala, avec les *triomfi*, selon l'expression du temps, et revêtu du manteau et de la soutane de drap d'or. Pour ce jour, les *Patrons de l'Arsenal* siégeaient, à Saint-Marc, dans le chœur, aux places réservées, dans les temps ordinaires, aux Procurateurs. C'était le jour même de l'Ascension, après avoir entendu la messe dans sa chapelle privée, que, suivi du même cortége, le Doge descendait la *scala dei Giganti* (l'escalier des Géants), et que, traversant de nouveau la place, il allait monter sur le vaisseau des triomphes, *le Bucentaure*.

La direction que prenait ce palais flottant était celle du Lido, en passant entre les deux châteaux forts, où le Patriarche venait à sa rencontre avec sa flottille, et présentait au Doge des roses sur des bassins d'argent; la musique de la chapelle entonnait alors le *Ne turbetur cor vestrum*. A ce chant, la musique ducale répondait par quelque motet en forme de madrigal, composé pour la circonstance, mais le plus souvent puisé aux sources bibliques, et dont nous pouvons donner comme spécimen authentique la strophe suivante, mise en musique, l'année 1736, par le célèbre maestro Antonio Lotti, dont la partition nous a été communiquée par l'organiste Taggi :

> Spirto di Dio, che essendo il mondo infante
> Tanto nell' onda il piè posar vi piacque,
>   Fate liete quest' acque,
> Dove la vostra fé più salda, e pura
> Di pietà e di valor con prove tante
> Di secoli nel corso intatta dura
>   E stendasi regnante
> Da mare a mar la Veneta fortuna
> Finch' ecclisse fatal tolga la Luna.

Arrivé au terme de sa pompeuse navigation, le Doge jetait l'anneau dans la mer, en prononçant les paroles latines sacramentelles, qui signifiaient : « *Nous t'épousons, en signe de notre perpétuelle et réelle domination.* » Le retour s'effectuait alors; et, dans le trajet, Sa Sérénité s'arrêtait en face de l'église Saint-Nicolas du Lido. Là, suivie du cortége de la Seigneurie et des Ambassadeurs accrédités, elle descendait pour entendre une messe solennelle, laissait aux moines du lieu quelques marques de sa munificence; et, remontant sur *le Bucentaure*, elle était ramenée avec la même solennité aux rives du palais ducal.

Les galères, les grandes barques, les felouques, les brigantins, tous ornés de la manière la plus variée, suivaient le *Bucentaure* au milieu d'innombrables gondoles et de péottes chargées de spectateurs. On eût dit un tapis animé, tendu sur ce long espace mouvant qui sépare la Piazzetta de la mer. Cette foule sur l'eau, au milieu de tant de luxe et de pompe éclatante, présentait un spectacle unique au monde, et que, seuls

entre tous, notre peintre si ferme et si précis, le Cana-
letto, et le Guardi, si vivant, et trop peu apprécié, ont
su rendre avec une vérité saisissante. Le retentissement
joyeux des cloches de la ville, le bruit triomphant d'ar-
tilleries lointaines, se mêlaient à tous les instruments de
musique, dont l'harmonie semblait provenir du fond
de ce grand lac d'azur d'où s'élève avec tant de noblesse
et d'art le couvent de Saint-Georges-Majeur. Le spectacle du retour était plus beau et plus frappant encore
que celui du départ, car toute cette masse immense de
peuple semblait porter comme sur des ailes son prince
triomphant, qu'une autre foule non moins grande, non
moins expressive dans ses cris d'allégresse, attendait
sur les rives où flottaient dans l'air les grandes et magnifiques bannières du Lion ailé.

C'était au moment même de la rentrée du Doge au palais de la Seigneurie que s'ouvrait, sur la place Saint-
Marc, la célèbre foire dite de l'Ascension, qui durait
quinze jours. On l'appelait du nom de la fête même,
la *Sensa;* d'où *far la Sensa* signifiait lever boutique
sur la place, y prendre part commercialement. *Andar
in Sensa* voulait dire y aller comme curieux ou cha-
land. Gallicioli, dans ses *Memorie Venete*, fruit de
tant d'investigations patientes, et Justine Renier
Michel, dans son livre des *Fêtes Vénitiennes,* ont déve-
loppé les origines de cette foire de l'Ascension, et il
n'est pas douteux que l'institution des franchises com-
merciales de toute sorte dont cette foire était devenue
le privilége ne remonte au temps des indulgences accor-
dées à différentes églises de Venise par Alexandre III.
C'est ainsi que, dans un même temps, s'associaient et

se confondaient, en faveur de la Reine du commerce au moyen âge, les intérêts spirituels et les intérêts privés. Dès 1364, il existe des preuves écrites du développement et du renom que la *Sensa* avait acquis par tout l'univers [1]. Mais pour plus de particularités et d'exactitude, ce sont les archives des *Procuratori di sopra* qu'il faut interroger, car c'était au délégué desdits Procurateurs qu'appartenait le soin de réglementer l'établissement, l'installation matérielle de la foire ; et nous voyons que, dès le 21 juillet 1519, le dessin des magasins, le choix des emplacements, la désignation des commerçants aient relevé de personnages spécialement élus [2]. Si l'industrie nationale y était honorée et fêtée, l'industrie étrangère y jouissait de faveurs non moins grandes. Aucune idée étroite ne prédominait dans l'esprit des ordonnateurs. De là une émulation des plus ardentes ; et toutes les imaginations s'allumant à l'envi à ce foyer, toutes les industries s'ingéniant pour cet immense et honorable concours, il arrivait souvent qu'il apparaissait tout à coup, à la *Sensa,* tel chef-d'œuvre qui n'avait été conçu et travaillé que pour être révélé à cette grande exposition et y appeler les suffrages. On estime à cent dix-sept le nombre des magasins occupés, sans parler des industries ambulantes, qui avaient aussi leurs places autorisées. En 1776, les Pro-

---

1. Voyez GALLICIOLI. *Memorie Venete,* tomo I, libro I, c. VIII, pages 288 et suiv.

2. Voyez *Terminazioni del Procurator Cassier,* maggio 1547, giugno 1549. *Archivio dei Procuratori,* dépendant de l'administration de l'église Saint-Marc.

curateurs, jaloux de donner un plus bel et gracieux
aspect à cet édifice mobile, arrêtèrent qu'il serait élevé
une construction nouvelle dont le plan serait mis au
concours. Un décret du Sénat fut voté le 2 mars à cet
effet, et deux projets, choisis entre tous par les Procurateurs, furent soumis à l'Auguste Assemblée, qui, par
décret du 8 août, donna la préférence à celui de l'architecte Bernardino Macaruzzi. C'était un édifice de
grande élégance, tout de bois peint en marbre grec,
de forme elliptique, et divisé en quatre parties, dont
chacune avait son entrée. Le style du dehors était un
rustique simple, pour les divers étalages des petits
métiers , de ceux du moins qui étaient de peu
d'éclat. Tout le luxe se concentrait à l'intérieur,
où brillaient l'orfévrerie et les pierres précieuses,
les superbes étoffes d'or, d'argent, de soie, de laine
et les fines dentelles, enfin toutes les élégances indus-
trielles alors en vogue et les riches parfumeries.
Là aussi s'étalaient les livres avec les manuscrits et les
objets d'art. Un élégant portique, illuminé chaque
soir avec ces lustres de Venise si renommés, entou-
rait toute la partie intérieure, convertie de la sorte
en un vaste salon, dont les peintures en trompe-l'œil
produisaient l'effet le plus heureux [1]. C'était le rendez-
vous du monde vénitien et des étrangers. On y venait

---

1. La construction de cet ensemble tout de menuiserie s'éleva à
la somme de cinquante-sept mille quatre-vingt-dix ducats. Les
frais d'illumination pour les seize soirées coûtaient trois cents
ducats. On en dépensait trois cent quatre-vingts pour défaire
l'*édifice*, cent trente environ pour le restaurer annuellement, et
cinq cent vingt pour le réédifier.

en masque ou seulement en *baüta*, avec le bizarre manteau traditionnel, que le goût des femmes savait rendre élégant par l'agencement harmonieux des couleurs du long collet avec celles de la jupe flottante.

C'est ici le lieu de rappeler un ancien usage fort singulier : à savoir qu'on exposait, dans l'endroit le plus apparent de la foire, une grande poupée habillée en femme, destinée à servir de modèle pour la mode de toute l'année. La mode était tenue alors d'avoir moins de mobilité dans ses caprices que de nos jours, où la coquette ne saurait passer une nuit sans que ses atours de la veille aient vieilli à en rougir.

Cette époque de la *Sensa* était aussi pour nous la saison théâtrale, ou plutôt l'une de nos saisons, et il était de règle que l'on dût avoir, pour ce seul temps des quinze jours de la foire, l'*opera seria* avec *balli*. L'habitude voulait aussi qu'on n'ouvrît alors qu'un seul théâtre, le plus *nobile,* bien entendu ; mais souvent il arrivait que plusieurs s'ouvraient en même temps, surtout lors de la présence de quelques princes étrangers [1], présence devenue presque constante dans la seconde moitié du xviiie siècle, si célèbre par les fêtes données aux archiducs d'Autriche, au prince de Danemark, aux princes de la maison d'Este, aux altesses de Parme et aux comte et comtesse du Nord (princes héré-

---

1. Recherchez, dans l'œuvre manuscrite de Rossi (*Costumi,* tome XII, page 252), la copie du mémoire ordonné par le Sénat à Andrea Memmo et présenté sous ce titre : *Dei ceremoniali della Serenissima Republica verso i Principi forestieri suoi ospiti e delle attenzioni e cortesie loro praticate in Venezia e nello stato dall' anno 1600 sino all' anno 1767.*

ditaires de Russie), dont la réception a·été l'objet de publications curieuses et recherchées. En 1775, nous eûmes même jusques à quatre théâtres d'*opera seria* ouverts à la fois : San Benedetto, San Samuele, San Moïse et San Luca. Dans chacun d'eux rivalisaient les chanteurs les plus fameux et les danseuses les plus illustres. Tout ce qui avait un nom dans l'Europe *dramatique* s'empressait à Venise pour cette époque de faste, et le premier soir de la *saison* était le plus solennel et le plus à la mode. C'était ce soir-là qu'apparaissaient nos dames dans toute la fougue et splendeur de leurs magnifiques parures. C'était alors que tel collier de perles, renommé dans le monde pour le nombre et la beauté des rangs, pour le choix incomparable des perles, passait rayonnant de son écrin au cou de la patricienne. C'était alors aussi que les coiffures rivalisant de singularité, d'invention, d'éclat et de goût, se poudraient de perles et se chargeaient des parures inestimables rapportées par des aïeux de leurs lointains voyages et courses maritimes, en ces temps où les flottes de Venise couvraient les mers. On eût dit quelque mine de Golconde. Venise avait alors un goût particulier pour le faste, et plus d'une fois des lois somptuaires ont dû arrêter le fol entraînement de nos patriciens et patriciennes dans leur luxe et leur apparat. Ainsi, à une époque antérieure au XVIIIᵉ siècle, nos gondoles, loin d'avoir cet aspect uniforme et sombre que nous leur voyons de nos jours, brillaient d'ornements et de décors particuliers d'un luxe souvent excessif. Celles-ci étaient dorées à ravir, celles-là tapissées d'étoffes précieuses, et le reste. Les livrées luttaient d'élégance et de pompe, et les gondoliers des grandes maisons ramaient habillés de drap de soie avec béret pareil, chausses de soie blanche, taille entourée d'une ceinture de soie rose ou bleue à franges d'argent, chaussure de maroquin jaune du Levant, avec bouffettes saillantes; et ce déploiement de luxe se renouvelait en toute occasion de solennités, de fêtes, de galas traditionnels comme ceux des grands jours de la *Sensa*.

Il en était ainsi par exemple, à la FÊTE DU RÉDEMPTEUR, instituée dans l'année 1578, en mémoire de la cessation d'une des pestes les plus cruelles qui aient désolé la ville de Venise. C'était là un de ces fléaux auxquels l'exposaient incessamment des relations habituelles avec l'Orient, et dont les terribles ravages s'étaient fait le plus sentir aux XIe et XIIe siècles, surtout au XIVe. La contagion avait alors été universelle, et le génie de la mort avait, en moins de six mois, décimé l'Asie, l'Afrique et l'Europe. La mauvaise police sanitaire laissait plus de prise au fléau. Le gouvernement vénitien le comprit; et des hospices ou lazarets, pouvant contenir près de vingt mille personnes, furent élevés. Ces asiles de salut avaient été remplis de malades dans la peste de 1576. Des baraques supplémentaires avaient été construites au Lido; et de plus, huit à dix mille individus, riches ou pauvres, avaient cherché un refuge sur trois mille barques, devenues comme autant d'hospices flottants dans les limites du cordon sanitaire fixé par l'autorité. C'est alors que le

Sénat, pour fléchir la colère divine, fit le vœu solennel d'ériger à la Giudecca un temple en l'honneur du Christ Rédempteur.

Quand parut le jour de la délivrance et qu'il fut bien établi, à Venise et dans ses dépendances de Terre-Ferme, que le dernier cas du fléau avait cessé, le Sénat se réunit le 21 juillet 1578. On délibéra sur l'érection de l'église, sur une fête annuelle d'actions de grâces à y célébrer, et l'on arrêta que, tous les ans, le troisième dimanche de juillet serait consacré à cette insigne solennité. Mais comme le premier zèle de la reconnaissance et de la dévotion publiques ne pouvait attendre que le monument fût achevé, on eut l'idée de dresser sur-le-champ, en forme de galerie, une construction provisoire en bois, tapissée de riches étoffes, au bout de laquelle s'élevait un autel décoré d'un tableau de maître, représentant le Rédempteur. Comme aussi la foule qui s'y presserait devait être immense et que la traversée en simples gondoles pouvait entraîner des désordres et des dangers, on imagina de jeter un pont de bateaux, de la *Piazzetta* ou petite place de Saint-Marc, jusqu'à l'église de Saint-Jean de la Zuecca. Aussitôt dit, aussitôt exécuté, et comme par enchantement, en quatre jours, le pont volant s'ouvrait à la ferveur impatiente de la piété vénitienne.

Alors commença la solennité; et, n'était que le *Bucentaure* ne pouvait entrer dans le programme comme aux épousailles de la mer, tout se passa ainsi qu'à la *Sensa*. Confréries, Patriarche et son clergé, Doge, Seigneurie, Sénat, Ambassadeurs, tout ce qu'il y avait de grand en dignité et en richesse sous le ciel de la reine des Lagunes sortit en pompe et défila sur le pont improvisé, suivi du reste de la population. Et, chose étrange! bien que la mortalité eût été affreuse; bien; que quatre-vingt-dix familles nobles eussent été frappées d'extinction complète, et que les rangs du peuple eussent été éclaircis à faire peur, on eût dit qu'une population fût née des cendres de l'ancienne, tant l'affluence était considérable.

Pendant ce temps-là, Vincent Palladio dressait les plans de l'église du Rédempteur. La Seigneurie les adoptait, et, le 3 mai 1579, le Doge Louis Mocenigo, revêtu de son plus riche costume, alla poser, avec le patriarche Trevisan, la première pierre de ce monument votif où devait se célébrer désormais la fête sacrée du Rédempteur, la « *Sagra del Redentore* », comme on dit en notre dialecte. Ce fut le chef-d'œuvre de Palladio qui sut être original après les grands architectes qui l'avaient devancé, et qui posséda l'art si heureux d'approprier les riches données de l'architecture antique aux mœurs et aux convenances modernes. Le dessin et l'ornementation de l'intérieur, construit en croix latine, répondirent à la splendeur de la façade : le Véronais Girolamo Campagna coula un crucifix de bronze pour le maître-autel, orné de chaque côté des statues de saint Marc et de saint François, également en bronze. Une particulière dévotion voulut, à des époques diverses, concourir à la décoration de ce magnifique monument, et y plaça les œuvres de grands artistes : Jean Bellin, le Palma, Paul Véronèse, le Tintoret, Carlo Saracini, le Bassan et nombre d'autres maîtres, et en fit l'espèce de musée religieux qu'on admire de nos jours; et comme l'église s'élevait sur l'emplacement d'une ancienne chapelle de Capucins, ce fut à des Pères Capucins que le temple fut donné, et ce sont encore aujourd'hui des moines de l'ordre de Saint-François qui le desservent.

Jusque vers la fin du xviiie siècle, Venise continua à célébrer cette fête, qui mettait en mouvement la ville et ses alentours. Murano, Torcello, Malamocco, Chioggia, Castello, Canareggio, rivalisaient avec elle par le développement le plus pittoresque et le plus curieux de beautés diverses et de costumes originaux. Au commencement, une dévotion fervente présidait à la fête; mais tout dépérit et dégénère, et quelque chose de profane ne tarda pas à venir altérer le caractère religieux de la solennité. Quelques-uns d'abord, beaucoup ensuite y virent une occasion de chercher des divertissements purement humains dans les jardins de la Giudecca. La *Sagra del Redentore* ne fut bientôt plus pour la foule qu'une partie de plaisir, comme à Paris la promenade de Longchamps. On allait s'ébattre et sabler des vins plus ou moins délicats sur les pelouses des jardins, où toutes les classes étaient mêlées.

Au début de ce siècle, la fête était tombée en désuétude. Aujourd'hui, les réjouissances champêtres ont disparu : Qui aurait le cœur de se réjouir à Venise, où il n'y a plus que des larmes à répandre?

La cessation d'une autre peste, qui, commencée en juillet 1630, avait, en seize mois, enlevé, dans la seule ville de Venise, quatre-vingt mille personnes et plus de six cent mille dans les provinces, et dura jusqu'au mois de novembre de l'année suivante, fut l'occasion d'une autre fête d'actions de grâces et de l'érection d'un nouveau monument, dont le plan fut mis au concours dans l'Europe entière. Ce monument est celui de Notre-Dame de la Santé, « *Della Madonna della Salute* », bâtie sur le Grand-Canal, à côté de la Douane de mer, d'après les plans de l'architecte vénitien Balthazar Longhena, vainqueur dans le concours.

Comme pour la fête du Rédempteur, la piété des fidèles échappés au fléau ne voulut pas attendre l'achèvement de l'édifice votif. On en éleva un provisoire en bois, qui sortit de terre comme par miracle. Quatre jours n'étaient pas écoulés que le temple improvisé était ouvert, de même qu'un pont de bateaux reliant les deux rives à partir de la petite place Saint-Marc ; et, le jour de la Purification, une procession solennelle avait lieu, qui, chaque année, devait se renouveler, et se célèbre encore de nos jours à la même époque. La ville alors (que de fois n'en avons-nous pas été témoins!) est comme une fourmilière. Tout se meut, tout est en émoi, et, le jour et la nuit, le plancher des ponts volants retentit sous les pas cadencés des visiteurs zélés qui se pressent et se succèdent au pieux rendez-vous de la *Salute*.

II

Texte du début de l'*Histoire de deux Amants*, composée par
le pape Æneas Sylvius Piccolomini (page 12).

Historia de duobus Amantibus.

Urbem Senas, unde tibi et mihi origo est, intranti
Sigismundo Cæsari quot honores impensi fuerint, jam
ubique vulgatum est. Palatium illi apud Sanctæ-Martæ,
super vicum qui ad Tophorum ducit portam structum,
paratum fuit. Huc, postquam cæremoniæ peractæ sunt,
cum venisset Sigismundus quatuor maritatas obviam
habuit, nobilitate, forma, ætate, ornatuque pares ; non
mortales, sed deas, quisquam putavit. Si tres dumtaxat
fuissent, illæ videri poterant, quas referunt Paridem per
quietem vidisse. Erat Sigismundus, licet grandævus,
in libidinem pronus, matronarum alloquiis oblectaba-
tur, et fæmineis blandimentis gaudebat ; nec suavius
illi quicquam fuit illustrium aspectu mulierum. Ut
ergo has vidit, desiliens equo, inter manus earum
exceptus est, et ad comites versus ait : « Similes ne
unquam his fæminas vidistis? Ego dubius sum an
facies humanæ sint an angelici vultus, sunt cœlestes
certe. » Illæ oculos humi dejicentes, ut verecundiores

fiunt, sic pulchriores redduntur. Sparso namque inter
genas rubore, tales ore reddebant colores quales indi-
cum ebur ostro violatum, aut quales reddunt alba
immixta purpureis rosis lilia. Præcipuo tamen inter
eas nitore Lucretia fulsit : adolescentula nondum annos
vigenti nacta, in familia Camillorum prædiviti viro
Menelao nupta; indigno tamen cui tantum decus domi
serviret; sed digno quem uxor deciperet et, sicut nos
dicimus, cornutum quasi cervum redderet. Statura
mulieris eminentior reliquis. Comæ illi copiosæ, et
aureis laminis similes, quas non more virginum
retrofusas miserat, sed auro gemmisque incluserat.
Frons alta spatiique decentis, nulla intersecta ruga.
Supercilia in arcum tensa; pilis paucis nigrisque debito
intervallo disjuncta. Oculi tanto nitore splendentes,
ut in solis modum respicientium intuitus hebetarent.
His illa et occidere quos voluit poterat, et mortuos
cum libuisset in vitam resumere. Nasus in filum di-
rectus, roseas genas æquali mensura discriminabat.
Nihil his genis amabilius, nihil delectabilius visu;
quæ cum mulier risit in parvam utrinque dehicebant
foveam. Nemo hanc vidit qui non cuperet osculari. Os
parvum decensque, labra corallini coloris et ad mor-
sum aptissima. Dentes parvuli et in ordinem positi ex
crystallo videbantur; per quos tremula lingua discur-
rens, non sermonem, sed harmoniam suavissimam
movebat. Quid dicam menti speciem aut gulæ cando-
rem? Nihil illo in corpore non laudabile. Interioris
formæ judicium faciebat exterior. Nemo hanc aspexit
qui viro non inviderit. Erant insuper in ejus ore
multæ facetiæ. . . . .

. . . .

Vestes illi multiplices erant : non monilia, non
fibulæ, non baltei, non armillæ deerant. Redemicula
capitis mirifica. Multi uniones adamantesque tum in
digitis, tum in serto fuere. Non Helenam pulchriorem
fuisse crediderim, quo die Paridem in convivium
Menelaus excepit.

(Storia di Due Amanti di Enea Silvio Piccolomini in
seguito papa Pio secondo, col testo latino e la traduzione
libera di Alessandro Braccio. Capolago, tipografia Elvetica,
1832, in-8, p. 30, 32, 34.)

L'édition princeps portait ce titre : *Enee Silvij poete
Senēsis de duobʒ amātibus Eurialo et Lucresia opus-
culū ad Marianū Sosinū feliciter incipit. Prefatio.*
in-4°. (Sans date, mais du xve siècle.)

La première traduction française est intitulée : *Lys-
toire de eurialus et lucresse, vrays amoureux, selon
pape pie.* (Sans lieu ni date.) In-fol. goth. de 93 ff.
sign. a-m. iij. Traduction en vers mêlés de prose, attribuée à Octavien de Saint-Gelais, et dédiée au Roy
Charles VIII.

La seconde édition a été donnée à Lyon par Olivier
Arnoullet.

Derrière le titre du recto se lit ce second titre :

« Sensuyt lhistoire de Eurial et Lucresse, cōpillee
par enee Silvius, et trāslate de latin en françoys par
maistre Anthitus, chapellain de la saincte-chapelle aux
ducz de bourgongne, a la priere et requeste des dames. »

Voici maintenant Octavien de Saint-Gelais tradui-
sant le pape. (Verso du 4e feuillet de l'édition petit in-fol.,
sans date ; mais de 1493, imprimé par Anth. Verard.)

Traicte tres-recreatif et plaisant de lamour indicible de eurialus et de lucresse compose par le pape pie avāt la papauté nōme enee siluye et translate de latin en françois.

Chascun peut bien facilement sçavoir
Car c'est chose presque partout commune
Comme l'empereur Sigismundus pour voir
Victorieux par le don de fortune
En la cité dont je suis opportune
De Senes (Sienne) fut recueilly noblement,
Lors se loua sur toutes cites de une
Qui le receut très-honnorablement.

Pres l'eglise Saincte Marthe on dressa
Sur la rue qui maine proprement
Vers la porte estroicte des pieça
Ainsi dicte, ung palais richement
Acoutré fut moult honnorablement
Ainsi que affiert a si noble empereur :
On ne sauroit narrer entierement
De ce palays le triumphe et honneur.

Comment Cesar entre en la cite et eut devant luy sur lechaffault quatre nobles dames qui le receurent.

Quand l'empereur Cesar arrive fut
Au lieu si bien pare que rien ny fault
Sa Majeste au devant de luy eut
Quatre dames de noble estat et hault,
Gentes de corps parees sans nul deffault.
A la gorre et plus que grant possible
De grand joye tout le cueur luy tressault
Quant apercoit chose a dire impossible.

Se les dames neussent este que trois
Licitement on eust pu dire d'elles
Vecy les trois deesses affin chois
Que Paris vit quant vist les tres belles

Dame Juno, Pallas, et avecques elles
Il vit Venus qui sur toutes luy pleut
Sigismundus neust eu joyes moins parelles
En les voyant que des quatre lors eut.

Forme pareil age ornement avoient
Les plaisantes dames dessus nommees
Et presque en tout elles sentresembloient
Tant estoient cointes et atournees.
On ne pourroit pas a longues journees
Si grans beaultes souffisamment descrire ;
Mais toutesfoys quant bien sont avisees
Une seule peult pour toutes suffire.

*Comment l'empereur prenoit grant plaisir à ouyr
diviser les dames.*

Sigismundus de sa propre nature
Qui ja tresviel et ancien estoit,
Les voluptes charnelz eut en cure
Et des dames voulentiers escoutoit
Le beau parler : tresfort s'y delectoit,
Rien plus plaisant ne luy fut en ce monde ;
Icelles voir grandement desiroit
En contemplant leur beauté et faconde.

*Comment l'empereur descent de son cheval et fut
recueilly des dames, et des louenges qu'il fait d'elles
à ses barons.*

Quand l'empereur Cesar eut advise
La noblesse des quatre damoiselles
De son cheval descendre a propose,
Entre leurs mains bien fut recueilly d'elles.
A ses barons qui visoient les merveilles
Et grant beaulte des dames dessus dictes,
Dist en riant Veistes vous onc pareilles ?
Certes croies que oncques telles ne veistes.

En doubte suys fors se elles ont
Face humaine ou visaige angelique
Celestielz faces certes elles ont
Comme s'ilz avoient nature deifique

Vergongneuse maniere mirifique
Les yeux embas regardent simplement
Pour leur beauté et face almifique
Croistre elles avoient simple contenement.

Elles avoient en leurs joes tel couleur
Comme d'Inde le blanc yviere a
Quant sa blancheur de vermeille liqueur
Est contouré ou que le lis a
Quant aux roses vermeilles sa sorte a.
Tresbien leur siet cest avenante chose :
L'imperial majeste moult prisa
La grant beaulté que en leur face est close.

Comment Lucresse estoit la plus belle des dictes quatre dames.

Et ia soit ce que toutes quatre fussent
Si tres belles que souhaiter on peut,
Toutesfoys ceulx qui bien visees les eussent
Facilement quant l'œil bien viser veut
Eussent esleu celle qui trop plus pleut
A l'empereur Cesar : c'estoit Lucresse
Qui de beaute lors plus que humainement
Elle sembloit sur les aultres deesse.

Encor vingt ans Lucresse pas navoit ;
Mariee lors à Menelaus :
Riche, puissant, de grant lignee estoit,
D'amourettes moins garny que d'escus.
Digne n'estoit, ains fut ung vray abus
Qu'on luy donnast si plaisant damoiselle :
Tel a des biens et assez de quibus
Qui n'est pas digne d'avoir jeune pucelle.

Comment Lucresse estoit mal mariee quant au personnage.

De estre trompe son mary estoit digne
Et que on luy fist comme a un cerf cornes :
D'un vray cocu portoit assez la mine
De amouretes ne cognoissoit les bornes.

Pour faire nars de genest ou viornes
Plus propre estoit que de avoir belle dame,
Pour que au blason longuement ne sejornes
Peu lui chaloit s'en ce avoit los ou blasme.

Comment Lucresse estoit belle dame et la description de sa beaulté.

Lucresse estoit assez haulte sur bout,
De stature estoit tres avenante
Cheveux avoit si copieux que tout
Le corps couvroient par maniere decente.
Ce neantmoins pour estre plus plaisante
De templetes d'or clos et les avoit
Et de pierre precieuse luisante,
Ce que tres bien et beau lors lui duisoit.

Lucresse avoit le front bien spacieux
Sans macule ne quelque ride avoir,
Ains estoit hault, frais, blanc et lumineux
On ne sauroit rien plus beau concevoir.
Onc ne vit onc face pour dire voir
Plus venuste ne a veoir plus agreable :
Nature avoit la mis de son povoir
Qui la faisoit sur autres merveillable.

Lucresse avoit a peu de poil noiret
En maniere d'arc tendu les sourcilles
Par distance qui bien les separoit
Onc plus belles n'eurent femmes ne filles.
Les yeulx avoit si clers beaux et faciles
Que des voians le regard hebetoit
Le souleil par ses rays tres utiles
Des autres yeulx la clarté offuscoit.

Elle povoit occire les voians
Par ung trait de œil quant jeter le vouloit,
Et si povoit les mors faire vivans
Quant le doux trait de ses yeulx envoioit.
Le nez avoit traitis comme ung fil droit
Qui ses joes par egale mesure
Decentement et tres bien divisoit
En ce se estoit efforcee nature.

Rien plus plaisant, plus doulx plus amiable,
On n'eust pas sceu que lesdictes joes voir
Quant elle rioit par maniere agréable
Deux petites fosses se venoient soir
Ou fin milieu de ses joes oncques voir
Ne les peut que ne leur desirast
Quelque baisier donner, fust main ou soir,
Et qui pour ce du cueur ne souspirast.

Petite bouche et levres coralines
Plus vermeilles que ne fut onc coral
Lucresse avoit de estre baisees dignes
Et doulcement morses sans faire mal.
Petites dens plus blanches que cristal
Entre lesquelz sa langue armonieuse
Faisoit ung son plaisant et cordial
Avecques chant et voix melodieuse.

Son corps estoit de toutes pars louable
Par le dehors on povoit aisement
Des intimes jugemens tresfeable
Faire par ce que on voioit clerement.
Oncques homme ne la vit proprement
Qui ne conceust en son cueur quelque envie
Vers son mary car veritablement
De telle avoir digne nestoit il mie.

Facessies yssoient de sa bouche
Et paroles exquises a merveilles :
Cornelia qui estoit sans reproche
En ses enfans louant ne dist pareilles ;
Hortensia paroles point plus belles
Ne proposa devant les empereurs
Quant el garda dames et damoiselles
Par ses beaulx ditz et rhetoriques fleurs.

Il nestoit rien plus doulx que son parler
Plus attrempe ne de plus grant faconde.
Elle savoit honnestete garder
Quant triste estoit sans ce que homme du monde

Eust apperceu quelle eust face iraconde,
Car elle estoit joyeuse et attrempee,
Tousjours une gente plaisante et blonde
Et sur toutes autres tres-moderee.

Trop peureuse ne trop hardie n'estoit
En tous ses fais elle tenoit moien
Et courage plus que virile avoit
Ferme propos avec rassis maintien.
Pour conduire quelque chose de bien
Elle avoit cueur constant et immuable;
Chose quelle veist ne la changoit en rien
Car elle nestoit point comme autres muable.

Vestue estoit de habis tresprecieux
Chaines baudriers de fin or reluisoient
Qui tout autour son gent corps amoureux
Si bien que rien ny fault avironnoient,
Et de perles ses bras couvers estoient
Presque toute en or resplendisssoit
Affliques d'or comme estoilles luisoient
Dont des voyans les yeulx el' repaissoit.

Son chief avoit gentement atourne
De couronne et joyaulx precieux
De diamans et saphirs aourne
Si proprement que on ne pourroit pas mieulx.
Ses mignons dois plains estoient en tous lieux
De signes d'or esmeraudes rubis
Clers diamans et saphirs lumineux
Qui bien seoient par dessus ses habis.

Je ne croy pas que Heleine fust plus belle
Quand son mary Menelaus mena
Le beau Paris a disner avecques elle
Que Lucresse qui lors bien satourna;
Andromache quant Hector espousa
Nestoit pas plus richement acoutree
Que Lucresse estoit en ce jour la
Que l'empereur fist en Senes entree.

III

« Les sculpteurs de l'antiquité doraient ou rougissaient la
chevelure de leurs statues. » (Page 44.)

Chez les anciens, la couleur blonde, ξανθὸς, a toujours
été regardée comme la plus belle, et la blonde chevelure
était donnée aux plus belles divinités : à Apollon,
à Bacchus, à Vénus, à Diane, et, par assimilation, aux
héros. C'est sans doute pour rappeler ce goût de prédilection qu'ils coloriaient en rouge ou qu'ils doraient
les cheveux de statues. Ainsi, une Diane du cabinet
d'Herculanum avait la chevelure teinte en rouge; il en
était de même d'une petite Vénus du même cabinet,
qui presse des deux mains ses cheveux mouillés, et
d'une statue de femme, à tête idéale, qui figure dans la
cour du château de Portici. La Vénus de Médicis avait
les cheveux dorés, de même qu'une tête d'Apollon du
musée du Capitole. A tous ces exemples fournis par
Winkelmann, il ajoute : « Aucune tête n'offrait des
marques plus certaines de dorure que la belle Pallas
de marbre, grande comme nature, du cabinet de Portici : l'or y était appliqué en feuilles si épaisses, qu'il
a été facile de l'enlever[1]. »

---

1. WINKELMANN. *De l'art chez les Grecs*, liv. IV, chap. v, p. 539,
540, de la traduction française annotée par Féa.

IV

Livre de Giacomo Franco.
(Pages 68 et 69.)

Giacomo Franco, qu'il faut se garder de confondre avec Batista Franco, qui l'a devancé, a publié des livres à gravures et a gravé lui-même diverses estampes d'une grande curiosité pour l'histoire des mœurs et coutumes de Venise au xviᵉ et au xviiᵉ siècle. Nous pourrions simplement renvoyer le lecteur et le curieux au tome cinquième du savant ouvrage des *Inscrizioni Veneziane*[1] du chevalier Cicogna, notre excellent et vénéré maître et ami, en leur indiquant l'article qu'il a consacré à Giacomo Franco. Mais comme à l'étranger cet ouvrage volumineux est difficile à rencontrer, nous avons cru devoir en extraire les passages relatifs aux livres à images du Franco relatifs aux coutumes, et publier les quelques détails suivants, en reportant toutefois tout l'honneur du renseignement à notre savant maître.

Giacomo Franco naquit à .Venise en 1550, et il y

---

1. *Delle Inscrizioni Veneziane* raccolte ed illustrate da Emmanuele Antonio Cicogna, cittadino veneto. Volume V, ·p. 431. Venezia, 1842, presso Giuseppe Molinari.

mourut en 1620, sur la paroisse de San-Moise, âgé de
soixante-dix ans. Sa vie n'offre rien de particulier à
raconter : il fut un laborieux artisan et un artiste fécond; mais il faut reconnaître que sa *manière* comme
graveur a plus de droits à l'intérêt par la curiosité des
sujets qu'il a traités que par la somme de talent dont
il a fait preuve. Son œuvre est fait pour avoir sa
place sur les rayons d'une bibliothèque *rare* plutôt
que dans les cartons d'une collection de chefs-d'œuvre
chalcographiques. Bartsch et Ticozzi ne lui ont pas
moins fait l'honneur de le mentionner, mais en se mé-
prenant tous les deux sur l'époque de sa naissance.
Le catalogue le plus complet, et sans doute le seul des
travaux de ce Vénitien, se trouve, comme nous l'avons
dit, dans la notice que lui a consacrée le chevalier
Cicogna. Nous ne citerons que ceux qui ont rapport au
passage du présent opuscule, où le nom de Franco a
pris la place à laquelle il avait droit.

1° *Habiti d'huomini e donne Venetiane con la processione della Serenissima Signoria et altri particolari, cioè trionfi, feste, cerimonie publiche della
nobilissima città di Venetia.* Giacomo Franco Forma
in frezzario all' insegna del Sole, con privilegio. Le
frontispice historié est gravé sur acier, et l'on trouve
certains exemplaires où tout le texte du titre est également gravé; d'autres au contraire ont un titre séparé
de la gravure et superposé, attendu qu'on se réservait
de faire servir pour d'autres livres un frontispice aussi
élégant, on n'avait que l'inscription seule à changer.

Ce frontispice représente une petite vue du nouveau
pont de Rialto, sous lequel on lit : *Antonio da Ponte*

inventor; et au milieu, dans un cercle, le plan de la ville de Venise avec les îles et les indications des noms. Suit une dédicace en date de Venise, le 1er janvier 1610, à Don Vincenzo Gonzaga, duca di Mantova e di Monferrato, dans laquelle l'auteur explique à son patron comment, dans ce volume, son œuvre est le produit de ses presses. Le livre représente les modes de l'inclite cité, ses spectacles publics, ses fêtes les plus pompeuses, les joûtes maritimes, et les autres grands divertissements vraiment royaux que la Sérénissime République se plaisait à offrir aux princes ses visiteurs. Quelques exemplaires sont décorés du portrait de Vincenzo Gonzaga. Les gravures ne sont pas numérotées, aussi est-il difficile de dire le nombre exact de celles que le recueil doit contenir. J'en ai vu, dit Cicogna, tantôt vingt-cinq, tantôt vingt-six, une autre fois vingt-neuf.

2° *La città di Venetia con l'origine e governo di quella et i Dogi che vi sono stati con tutte le cose notabili che di tempo in tempo vi sono avvenute dal principio della sua edificazione, sino a questi tempi, col reale intaglio in rame dei più nobili edificii et luoghi notabili e da solennità e da piaceri che in essa vi sono.* Estratte dall' opere di Giov. Nicolò Doglioni. Parte seconda. In Venetia MDCXIIII, Antonio Turini ad istanza di Giacomo Franco.

Le frontispice porte la vue de Venise avec l'indication des sites : au dos est le permis d'imprimer, 28 juillet 1614, puis la dédicace de Giacomo Franco, à la date du 8 août 1614, à *Ferdinando Gonzaga, cardinale di S. Chiesa, Duca di Mantova e Monferrato.*

Aux expressions de cette dédicace on reconnaît que le Franco se donnait pour dévoué serviteur de Don Vincent Gonzague, père du cardinal; et comme il avait dédié le premier livre au père, il dédie le second au fils. Après la dédicace vient une liste des Doges depuis l'origine jusqu'à Andrea Memmo (1612), puis une chronologie de quelques événements de l'histoire de Venise à partir de 407 jusqu'en 1613. Ce livre, comme le précédent, contient différentes gravures; mais ces planches sont également sans numéro, ce qui rend toute description régulière et précise très-difficile. En outre, les exemplaires connus ne se présentent presque jamais dans un même ordre; la plupart cependant se composent de seize gravures. En somme, le premier livre et le second doivent fournir au moins quarante-cinq pièces pour être très-complets. Sans les décrire toutes,— car il en est beaucoup dont le sujet est ou un fait politique comme le *spectacle de la procession,* qui eut lieu à Venise pour inaugurer la ligue fameuse dont la bataille de Lépante fut le triomphe, en 1571, ou la représentation de quelque cérémonial particulier au Doge,— nous indiquerons minutieusement les feuilles qui touchent de plus près aux pompes vénitiennes où intervenaient les *gentildonne.*

3° *La Sérénissime Dogaresse* descendant de son palais pour monter sur le Bucentaure, accompagnée d'un très-noble cortége de grandes dames pompeusement parées et suivie d'un nombre infini de charmants navires de toutes formes, disposés et arrangés par les compagnies des métiers, se rendant au Palais Ducal. Très-curieuse gravure que l'on peut prendre, à de certains signes, pour l'entrée de la *Dogaresse Morosina Morosini en* 1597[1].

2º *Masques à Venise* pendant le carnaval : personnes de toute qualité, se rendant d'ordinaire une heure avant le coucher du soleil, à la place de San Stefano, pour s'y promener et s'y entretenir jusqu'à deux heures de nuit.

3º *Fêtes et ballets* que la Sérénissime République a coutume de donner en invitant les dames ornées de toutes leurs parures et joyaux pour honorer les princes qui sont de passage à Venise.

4º *La Dogaresse avec sa coiffure ducale* et la chaîne d'or qu'elle porte au cou avec la petite croix attachée à son manteau tout de brocart d'or.

5º *Costume de gentildonna* (dame patricienne) lorsqu'elle sort. — Toilette d'une dame mariée, chez elle. — Costume d'une fiancée accompagnée du maître à danser. — Toilette de veuve. (Quatre gravures sur une même page.)

6º *Courtisane* se faisant préparer et accommoder la tête par sa femme de chambre.

7º *Toilette* telle que la portent nos principales courtisanes.

8º *Jeunes fiancées* allant faire visite à leurs jeunes parents dans les monastères, en grand gala de gondoles et de compagnies.

9º *Femme assise* et à laquelle un enfant présente une corbeille de fruits.

---

1. Voyez une plaquette intéressante : *Lettera di Giovanni Rosa nella quale si descrive l'ingresso nel palazzo ducale di Morosina Morosini Grimani.* Venezia, 1597.

Il ne faut pas confondre l'ouvrage indiqué précédemment avec le suivant, non moins rare du reste :

Habiti delle donne Venetiane intagliati in rame nuovamente da Giacomo Franco. Le frontispice est le même que celui de l'ouvrage de 1610 que nous avons décrit comme dédié à Don Vincenzo Gonzaga. Celui que nous enregistrons ici ne porte aucune date et est mis sous le patronage du *Magnifico et eccellentiss. fisico il signor Fabio Glisenti.* Il se compose de vingt pages et de dix-neuf gravures, pour chacune desquelles est imprimée une légende latine et italienne. Voici les sujets traités par l'artiste :

La princesse de Venise.

Patricienne.

Autre patricienne.

Grande dame jouant du luth.

Toilette de jeune noble fiancée.

La jeune noble fiancée avec son maître à danser.

La jeune noble fiancée en gondole.

Femme s'accommodant les cheveux entre deux miroirs.

Femme de marchand avec l'éventail.

Courtisane célèbre.

Courtisane en toilette d'hiver.

La chasse au taureau.

Courtisane habillée en étrangère.

Jeune amoureux.

Birène et Olympie.

Diane habillée à la Vénitienne.

Actéon en habit de courtisan.

C'est à ce genre de livres d'une curiosité que ne justifie pas seulement la rareté qu'il convient de rattacher aussi les livres suivants :

1° *La nobiltà di Dame del S. Fabritio Caroso da Sermoneta*. Libro, altra volta, chiamato *Il Ballerino*, nuovamente dal proprio auttore corretto, ampliato di nuovi Balli, di belle Regole et alla perfetta Theorica ridotto : Con le creanze necessarie a Cavalieri e Dame, aggiontori il Basso, et il soprano della musica e con l'intercalatura del Liuto a ciascun Ballo, ornato di vaghe et bellissime figure in Rame.

Alli Ser^{mi} Sig^{ri} Dvca et Dvchessa di Parma e di Piacenza, etc.

In Venezia, Presso il Muschio MDCII [1].

2° *Omnivm fere Gentivm nostræ ætatis habitvs nvnquam antehac æditi.*

Ferdinando Bertelli Æneis Typis excudebat. Venetiis, anno MDLXIII [2].

3° *Recueil de costumes* dessiné par J.-B. Monnoyer, gravé par P. Schenck, à la manière noire. Quelques pièces portent le nom de J. Goole. Le tout divisé par saisons et mois. In-fol. publié à la fin du xvie siècle. Texte hollandais et français [3].

---

1. La première édition fut publiée à Venise en 1581, chez Ziletti, in-4, et le titre de l'ouvrage était : *Il Ballerino di Fabritio Caroso*.

2. Ouvrage de toute rareté comprenant soixante planches d'une beauté remarquable. Le frontispice est d'un beau modèle. Regardez la planche II, *Italicæ mulieres*.

3. Un des plus beaux exemplaires connus est celui qui a figuré à la vente Solar : les planches en étaient de premières épreuves.

4° Abraham Bosse. *Le jardin de la noblesse françoise* dans lequel se peut cueillir leur manière de vette-
ments. *La noblesse françoise à l'Eglise.* Paris, Mel-
chior Tavernier, 1639, in-4° [1].

5o *Costumes du temps de Louis XIII,* dessinés et
gravés par Daniel Rabel. In-4° [2].

6e *Les vrais pourtraicts de quelques-unes des plus
grandes dames de la chrestienté déguisées en bergères.* Amsterdam, in-4º [3].

7° *Miroir des plus belles courtisanes de ce temps,*
avec des vers hollandois et françois. 1635, in-4° [4].

8o *Aula Veneris, sive varietas fœmini sexus, diversarum Europæ nationum, differentiaque habituum
quas* WENCESLAS HOLLAR *Bohemus delineavit et aqua-
forti ære insculpsit.* Londini, 1644, in-16.

---

1. Vingt-quatre pièces dessinées par Saint-Igny, gravées par
A. Bosse.

2. Vers 1630. Dix vers encadrés dans un frontispice gravé
forment l'unique titre de cette suite de pièces.

> *Voici comment l'on s'accommode*
> *Tant a la ville qu'à la court :*
> *Les mignonnes du temps qui court*
> *N'ont d'autre soin qu'être à la mode.*

. . . .

3. Le frontispice, gravé par Crispin de Pas, représente Louis XIII
en berger, entouré des plus grandes princesses de l'époque, en
costumes de bergères.

4. Volume très-rare et très-recherché auquel Crispin de Pas a
sagement fait de ne pas attacher son nom, mais où il est aisé de
le reconnaître (dit le catalogue Nodier, n° 154).

V

Le Rossello, Alessio Piemontesse, Isabella Cortesse, Jérôme Ruscelli. (Page 102.)

Nous avons cité, parmi les livres de recettes les plus connus au XVIe siècle, les *Secreti* d'Alessio Piemontese, dont une édition était déjà célèbre à Venise en 1555. On mentionne encore les *Secreti nuovi di maravigliosa virtù* de Jérôme Ruscelli, à Venise, en 1567; *Della summa de' secreti universali in ogni materia*, de Timotheo Rossello, publiés à Venise, 1575, et enfin *I Segreti della signora Isabella Cortese*, encore Venise, 1574. Un examen particulier de ces divers traités de mêmes matières nous a fait soupçonner que ces quatre auteurs pourraient bien n'en faire qu'un seul, dont le nom véritable serait Hieronimo Ruscelli, alchimiste. Un motif de spéculation qu'il est aisé de comprendre aurait déterminé les éditeurs, aussi bien que l'auteur, à user de ce subterfuge pour augmenter et varier la vente considérable de ce genre de traités. Nous avons dit, en passant en revue le livre de Giovanni Marinello, combien les recettes pour se blondir étaient nombreuses; or, un alchimiste tel que ce Hieronimo Ruscelli, très-versé dans son art, habile à produire les mêmes effets avec des combinaisons et amalgames divers des mêmes ingrédients, pouvait ne pas connaître de limites à ses inventions et les présenter, sous des noms travestis, à la curiosité insatiable des coquettes brunes qui, sous l'empire d'une mode devenue en quelque sorte irrésistible, voulaient être blondes.

Le travail de comparaison que nous avons fait, en étudiant certaines recettes indiquées par les *quatre auteurs* dont il s'agit, nous a démontré l'inutilité qu'il y aurait à reproduire des *ordonnances* qui finissent toutes par se résumer en formules identiques habilement déguisées sous des termes différents.

L'identité des livres de Timotheo Rossello et d'Isabella Cortese, est flagrante. Tous les deux sont imprimés par Giovanni Bariletto, à Venise; tous les deux sont dédiés à un même personnage, le *Reverendissimo Monsignore Mario Chaboga, dignissimo archidiacono di Ragusi.* Forme, style, fond, tout révèle une même source, une même origine[1].

---

1. Les recettes de *Blondes* indiquées dans l'édition des *Secreti de la signora Isabella Cortese,* ne' quali si contengono cose minerali, medicinali, arteficiose, et alchimiche, et molte de l'arte profumatoria, appartenenti ad ogni gran signora. Con altri bellissimi secreti aggiunti. *Venetia, Giovanni Bariletto,* 1574, se trouvent aux pages 176, chap. CLII et CLIV, et 178, chap. CLXIV.

Les recettes de même genre indiquées dans l'édition *Della summa de' Secreti universali in ogni materia di Don Timotheo Rossello,* si per huomini e donne, di alto ingegno, come ancora per medici, et ogni sorte di artefici industriosi et a ogni persona

Quant à établir que les deux premiers, Don Alessio Piemontese et Hieronimo Ruscelli ne sont qu'un seul et même personnage, rien de plus facile, attendu que les éditeurs eux-mêmes de l'ouvrage des *Secreti nuovi,* les héritiers de Marchio Sessa, en ont fait l'aveu dans le titre de l'édition de 1567, par ces paroles textuelles : *Secreti nuovi di miravigliosa virtù del signor Jeronimo Ruscelli; i quali continuando a quelli di Donno Alessio,* cognome finto del detto Ruscelli, *etc.* (Secrets nouveaux d'une merveilleuse vertu, par le seigneur Jérôme Ruscelli, lesquels faisant suite à ceux de Don Alessio, *nom supposé dudit Ruscelli,* etc.) Cette identité d'une part entre Don Alessio et Jeronimo Ruscelli, d'une autre entre Don Timotheo Rossello et Isabella Cortese, une fois reconnue, il est aisé, par tous les indices dont nous nous sommes assurés, de l'étendre absolument aux quatre et de conclure, comme nous l'avions pressenti, que ces quatre inventeurs, ces compilateurs de recettes, ces mirifiques distillateurs de quintescence ne sont, en somme qu'un seul et même homme, à savoir l'alchimiste Jérôme Ruscelli.

---

virtuosa accomodate. *Venetia, per Giovanni Bariletto,* 1575, se trouvent : une partie première, livre IV, page 59, chap. IV, page 71 chap. LXVIII; une deuxième partie, livre IV, page 89, chap. II, page 98 ; chap. LV.

VI

La Belle Paule.

« La belle Paule de Toulouse, tant renommée au XVIᵉ siècle. »
(Pages 108 et 109.)

La « Belle Paule, » blonde comme l'illustre Clémence Isaure, morte vingt ans environ avant la naissance de cette femme célèbre, était née en 1518, petite-fille de messire Gaillard de Viguier, de famille gasconne, qui, suivant Froissart, fit dans les premières années du xvᵉ siècle, « une chevauchée, » à Navarret, avec le sénéchal d'Aquitaine, pour le service du prince de Galles. Après avoir de nouveau combattu sous la bannière de Chandos, en 1307, il entra au service de France, et ni lui ni sa famille ne le quittèrent plus.

La beauté de Paule de Viguier acquit un renom illustre à cette époque chevaleresque, où la beauté était une dignité. Il faut bien que cette femme ait été une merveille, puisque sa réputation était universellement établie sans conteste.

Elle avait à peine quatorze ans quand elle fut chargée de présenter au Roi François Iᵉʳ les clefs de Toulouse, lors de l'entrée solennelle de ce prince en cette ville.

Vêtue d'une robe blanche enguirlandée de fleurs, le front ceint d'une couronne de roses, d'où s'échappaient à flots une chevelure dorée, la taille entourée d'une ceinture bleue, on eût dit une canéphore athénienne, ou plutôt Hébé descendue d'un banquet d'Homère. C'est ce jour-là qu'elle reçut, de la bouche du Roi François, le surnom de la Belle Paule, qui lui resta. Le Roi fit mieux que de lui donner un surnom, il respecta son innocence.

Le cœur de la Belle Paule avait distingué, en toute candeur, Philippe de La Roche, baron de Fontenilles ; mais ses parents la contraignirent à une autre union : ils lui firent épouser un « prompt et hardi capitaine, » le sire de Baynaguet, conseiller au parlement de Toulouse, qui la laissa veuve au bout de peu d'années. Et ainsi, après avoir eu la douleur de prendre le plus long pour arriver au mari de son choix, elle eut du moins cette douce satisfaction de refleurir en quelque sorte d'une beauté nouvelle, dans une alliance selon son cœur. Et quand la reine Catherine de Médicis, entourée de son escadron de beautés en fleur, devenu un moyen de gouvernement, parcourut, en 1565, le Languedoc et la Guyenne, avec le jeune roi Charles IX, pour « nettoyer, disait-elle, le royaume, des mauvais, » c'est-à-dire en exterminer les Huguenots, afin de maintenir, à sa manière, l'unité de la monarchie, elle voulut se donner la distraction de voir à Toulouse la beauté renommée. Et, bien que celle-ci fût arrivée alors à sa quarante-septième année, elle étonna encore la fière Florentine par sa belle grâce et façon, et par l'éclat de son incomparable dignité. « La baronne de

Fontenilles, s'écriait dans son enthousiasme le conné-
table de Montmorency, est une des merveilles du
monde: c'est l'honneur de Toulouse et la gloire de son
siècle! »

Et de fait, il paraît que sa figure triompha du temps
jusque dans l'âge le plus avancé. Le fin gourmet
Brantôme en témoigne, après s'être extasié sur les
miracles de beauté de la duchesse de Valentinois, en
l'âge de soixante-dix ans ; de la marquise de Rothelin,
de la maréchale d'Aumont, de madame de Mareuil.
Que s'il n'accorde pas tout à fait à ces femmes d'élite
d'avoir participé au privilége de Junon, qui redevenait
vierge toutes les fois qu'elle s'était baignée dans la fontaine Canathos, il s'en faut de si peu, qu'il les trouvait
superbes encore à merveilles en la dernière saison.
« L'on me dit dernièrement, ajoute-t-il, que la Belle
Paule de Toulouse, tant renommée de jadis, est aussi
belle que jamais, bien qu'elle ait quatre-vingts ans,
et n'y trouveroit-on rien changé, ny en sa haute taille,
ni en son beau visage [1].

Toulouse avait quatre merveilles et les avait consacrées par ce proverbe national : »

> La Basacle [2], Saint-Sernin [3],
> La belle Paule, Mathelin [4].

---

1. *Vies des Dames galantes,* discours V.

2. Moulin sur la Garonne, le plus beau des moulins, dont tout
Languedocien ne devait parler qu'avec des points d'exclamation.

3. Une des vieilles églises de France, monument aussi intéres-
sant que vénérable.

4. Fameux violon du temps, qui a eu l'honneur d'être goûté par
Henri IV.

La chevelure blonde de la Belle Paule, dans ce pays de Brunes, était une couronne d'honneur ; et comme on la proclamait un parangon de vertu, elle n'eût point été de celles à qui les maris jaloux, dans l'antiquité, coupaient les cheveux, soit pour les punir de leurs galanteries, soit pour les forcer à tenir pied à la maison pour filer de la laine[1]. Nous avons dit comment elle avait été au moment de s'y réfugier contre l'indiscrète et frénétique admiration des Toulousains pour sa prodigieuse beauté. Nous avons dit également par quel aimable accord avec les Capitouls, cet astre radieux mit fin aux émeutes que soulevait son plus court passage dans la ville; incident qui, pour le dire en passant, rappelle le destin moins heureux de ce Spurina, dont la beauté n'avait rien d'égal parmi les enfants des hommes, chez les anciens. Paraissait-il dans la campa-

---

1. Ménandre a deux pièces qui mettent en scène des jaloux coupant les cheveux à leurs femmes, et l'*Anthologie* donne une pièce d'*Agathias Scholasticus* (Pal. V, 228) sur ce même sujet. Nous empruntons notre texte, à un ou deux mots près, à M. Dehèque, de l'Institut : « Le fier Polémon, celui qui, dans une pièce de Ménandre, coupe les beaux cheveux de son épouse, a trouvé un imitateur dans un nouveau Polémon qui, d'une main hardie, a dévasté la chevelure de Rhodanthe, et qui, à l'œuvre de la comédie mêlant des douleurs tragiques, a flagellé les membres délicats de la jeune fille. Châtiment bien cruel ! car en quoi était-elle si coupable d'avoir pris en pitié ma peine et mes tourments? Le méchant, il nous a de plus séparés; il ne nous permet pas de nous voir, tant il est jaloux! Mais cependant il est le haï (ὁ Μισούμενος), et moi le furieux (ὁ Δύσκολος), ne voyant plus la belle aux cheveux coupés (ἡ Περικειρομένη) *.

* Ce sont des titres de pièces de Ménandre.

gne, les femmes quittaient le labeur de terre, pour lui faire violence. Dans les villes, prêtresses, patriciennes ou simples matrones, toutes les femmes, en un mot : prudes ou faciles de mœurs, les jeunes filles même les plus innocentes devenaient, à sa vue, autant de Ménades en délire. Spurina voulut se punir de sa beauté funeste, et rendre le repos au monde : il mutila son admirable visage.

A toutes les vertus domestiques, la Belle Paule unissait encore le goût des arts et des bonnes lettres. Un vieil album, retrouvé à Toulouse, a même révélé qu'elle composait des vers qui ne manquaient ni de facilité ni de grâce. Voici, par exemple un dixain qu'elle intitula :

De la mort d'un mien fils.

Le tendre corps de mon fils moult chéri,
Gît maintenant dessous la froide lame ;
Aux lieux très-clairs doit triompher son âme,
Car en vertus toujours il fut nourri.
Las ! j'ai perdu ce beau rosier flouri
De mes vieux ans l'orgueil et l'espérance !
La seule mort peut donner allégeance
Au mal cruel qui mon cœur a meurtri ;
Or adieu donc, mon enfant moult chéri,
De toi mon cœur gardera souvenance.

Le secrétaire perpétuel des jeux floraux, élu en 1694, Germain de La Faille, a donné dans ses *Annales de la ville de Toulouse*[1], une notice intéressante sur cette grande illustration de la province, la Belle Paule. Mais

---

[1] *Annales de la ville de Toulouse* (de 1271 à 1610, Iʳᵉ partie, 1687 ; IIᵉ partie, 1701 ; deux vol. in-fol). De La Faille, né en 1616, mourut en 1711.

l'ouvrage le plus curieux et le plus piquant qu'elle ait inspiré est le grand in-8, aujourd'hui si rare, publié en 1587, à Lyon, chez Barthélemy Honorat, avec le titre suivant :

De la Beauté, discours divers pris sur deux fort belles façons de parler, desquelles l'Hébrieu et le Grec usēt.... Voulans signifier que ce qui est naturellement beau est aussi naturellement bon. Avec le PAULE-GRAPHIE ou description des beautez d'une dame Tholosaine, nommée la Belle Paule, par Gabriel de Minut, chevalier, baron de Castera, séneschal de Rouergue.

Son admiration pour les beautés de cette Blonde argentine va jusqu'à l'idolâtrie ; il ne se connaît plus, et son imagination indiscrète égarée en ses descriptions, passe par-dessus la précaution des points, qui sont les voiles et la pantomime des livres.

Voici l'un des passages les plus discrets du bon sénéchal sur la chevelure qu'il intitule *le Poil*, suivant l'expression du temps.

Le Poil.

Theodette, fille romane, nous est représentée à raison de sa chevelure, qui estoit blonde comme l'or et longue jusques au talon, à cause de quoy le roi Cimbertus en fut, comme porte son histoire, si bien coiffé qu'il en brûloit d'amour. Et à la verité, entre les particulieres beautez de la femme, il n'y en a point qui ait esté estimée de tout temps plus seante que celle du poil. La dignité et excellence du poil, dit Apulée, est telle qu'ores qu'une femme fust d'ailleurs belle et qu'elle eust les accoustremens de sa teste et d'autres encore plus exquis et précieux joyaux, si le poil n'est beau et tenu comme il faut, elle ne merite point d'estre mise au rang des belles. Et de fait, il se lit qu'en ceste belle et grande assemblée de belles femmes qui se faisoit tous les ans à la feste de Cerès Eleusine près Alphe, là où les femmes de Tenedes, en Asie, en rapportoient communement sur toutes autres le prix de la beauté, celles qui avoient le poil fort beau, ores qu'elles ne fussent point, en toutes les autres parties de la face et du corps, du tout si belles comme celles avec lesquelles elles estoient, par un tel fait, entrées en contestation et débat, ce neantmoins la victoire tousjours leur en demeuroit. Et mesme Alexandre d'Alexandrie, appuyé de l'autorité d'Homere, atteste que, pour ceste raison, les femmes en Héliade estoient estimées plus belles que celles de Tenedes, d'autant qu'elles avoient en plus grand nombre la chevelure plus belle. De sorte qu'une d'icelles, nommée Herodice, remarquée sur toutes les autres d'une telle et si grande beauté, n'entroit jamais en combat aux assemblées qui se faisoient pour y demesler la querelle de beauté, laquelle n'en sortist (par le fidelle tesmoignage de Celius, historien fort approuvé) la palme en main et le myrte en teste, glorieusement victorieuse. Ce que certainement elle n'eust pas fait, non plus que les Tenediennes et Helia-diennes, si Dieu eust permis que nostre PAULE eust, par sa très-grande beauté, decoré un tel aage, comme elle en décore le nostre. Car avec ce qu'en toutes les autres beautez que l'on peut sans aucun artifice desirer, soit en la face, soit au corps d'une femme, elle les eust bien avant devancées : elle se fust, entre cela, trouvée enchevelée d'une chevelure ayant la couleur la plus belle que n'est celle qui nous est par les historiens représentée au poil des femmes cy-dessus mentionnées , retirant comme ils disent à la couleur de l'or. Telle couleur, à la vérité, est belle ; mais quand la couleur de l'argent y est entremeslée, comme à ce que l'on peut voir, elle est entre la chevelure de nostre PAULE, le poil, que l'on nomme, par cela, poil argentin, n'en est que plus riche et plus beau ; d'autant que, entre ce qu'il en est plus delié et plus undé, il semble proprement advis qu'ils se tirent en quelque façon de la terre (de là où se tire l'or qui n'est, quand tout est bien dit, qu'une terre affinée), pour s'approcher de plus près au ciel, aux fins de rapporter par là à la naissante aurore,

> Qui son teint d'or de lys décore
> Pour nous rendre le jour.

Quant à la longueur, ramage et amplitude de la susditte chevelure, le poil Paulin ne cedera jamais au poil Theodosien, qui néantmoins appelle par sa beauté une couronne à soy. Car il est malaisé et presque impossible, je ne dy point d'en veoir, mais de s'en représenter un plus grand, plus long, plus ample et mieux ramé que celuy de nostre Belle Paule. Et s'il est tel comme (à ce que j'ay appris de ceux desquels Dieu s'est servi d'instrument pour la mettre en ce monde, et l'en ren-

dre par un tel ornement plus beau) il estoit en son bas
aage de douze à' treize ans, ce qu'est à croire qu'il est,
n'estant la Paule en rien decheutte, depuis ce temps-là,
de sa naturelle et naisve beauté, elle se pouroit mettre
·quand bon luy sembleroit, en la presence de quel qui
fust, en forme nue, sans craindre ou redoutter qu'on
luy vist tant fust peu les parties d'Orient, d'Occident,
que la civilité commande de tenir cachées, car son poil
avait lors, comme je cuide qu'il a encores, de ramages
assez pour les couvrir. Pour le moins, relevoit-elle
en tel temps ses parens de la despense qu'il leur eust
convenu faire pour luy achetter des scoffions, lesquels
ores bien qu'ils eussent suyvi toutes les plus assorties
boutiques des marchans deschanges ou du satin
(mettons y ardiment les vantez contrepointeurs qui
vont, comme beaux petits robins, voir le monde en
temps de pluye), ils n'eussent sceu recouvrer ny si
beaux, ni si riches et gentils, comme estoit celuy
duquel se servoit leur chere et nostre belle Paule, par
le moyen de son seul poil naturel, accoustré en sa
façon telle que par la dexterité de son esprit, qui a esté
tousjours bien fort gentil et genereux, elle le savoit
fort bien et de fort bonne grace accoustrer. Cela servira
comme d'un petit coup de fouet, pour chasser loing
de nous l'erronnée opinion de quelques femmes assez
mal tymonnées de raison, lesquelles, destituées de la
beauté du poil, le voulant décrier à l'exemple du regnard,
qui repousse ce qu'il voudroit tenir, disant que ce n'est
qu'une superfluité de nature, de laquelle l'on ne peut
tirer aucun profit. Et voilà pour le moins un que nous
venons presentement de reciter, ensemble celuy qui

alloit un peu au devant, d'avoir eu un roy pour amant.
Que si nous le voulons rechercher plus haut, nous trou-
verons que le beau poil d'une des trois Maries mentionnées au sainct feuillet sacré, nommée Magdelaine,
a porté quelque profit à nostre Seigneur Jésus-Christ,
pour avoir eu ceste faveur de luy avoir nettoyé les pieds,
lorsqu'après avoir demeuré l'espace de trente ans en ce
monde, participant à toutes misères humaines (hormis
le péché), il estoit sur son heureux département. Las !
mon bon Dieu ! si telle chose estoit vaine, superflue et
inutile, comme un tas de haillons de femmes, faschées
de n'en pouvoir jouyr comme il faut, disant qu'elle est
(pour entrer, comme je cuide, en la bonne grace des
femmes basques, qui sont toutes tondues), elle n'eust
pas esté tant estimée, ny si fort recommandée, comme
elle a esté par l'Apostre sainct Paul, lorsqu'il lui attribue le nom de la gloire de la femme : « Si la femme,
dit-il, nourrit sa chevelure, ce luy est gloire pour autant
que la chevelure luy est baillée pour couverture, et si
l'homme la nourrit, ce luy est deshonneur. »

« Toutefois nous voyons aujourd'huy, puisque nous
sommes si malheureux de le veoir pratiquer tout le
contraire, nous voyons, dy-je, l'homme (je ne parle
point de tous hommes ; il n'est pas besoin, aussi peu
comme je veux estre, pour ce mesme faict, entendre
parler de toutes femmes) nourrir sa chevelure, jusques
à s'en servir de capot pour couvrir ses espaules, comme
si la forest n'estoit grande assez pour y nourrir des
bestes grises, et la femme, tout au rebours, rase la
sienne ès lieux mesme et endroits où le poil est ou doit
estre plus apparent, ou bien, si elle ne la veut rasée, la

couvrir, pour si belle qu'elle soit (ô quel malheur sur malheur!) d'un gros vilain poil safrané[1]. Cela s'appelle en bon françois superfluité; cela se peut nommer en bon langage chose vaine.et inutile, et non pas un beau poil naturel et naïf, un poil ondé, un poil fin et délié, un poil grand et plantureux, un poil ramé et argentin, un poil bien conduit et mené, bien tenu et ajancé, un poil tel proprement que, pour en parler à la vérité, est le beau poil de nostre belle Paule. Or sus, c'est trop demeuré sur un poil : passons oultre, allons, il se faict nuict. »

A la fin du livre de Gabriel de Minut, on lit les stances qui s'ensuivent, testament du poëte et de l'adorateur platonique, lequel, présageant sa mort, envoya à la belle Paule, pour l'honneur qu'il lui portait, son dernier adieu, et mourut quinze jours après :

> Adieu, celle que j'ay dans mon cœur imprimée,
> Qui se faict par sa grace à un chacun aymer ;
> Adieu, celle de qui le los je veus semer
> Et accroistre partout la vive renommée.
>
> Adieu, de Languedoc la dame mieux famée
> Que sur toutes je puis chaste et belle nommer...
> Certes je te puis dire adieu desormais,
> Car je suis en danger de ne te veoir jamais.
>
> Adieu, Paule la Belle, et éternel adieu.
> Le seul espoir que j'ay de te veoir est qu'un jour,
> Ayant quitté du tout ce terrestre séjour,
> Nous nous rencontrerons là-haut avecque Dieu.

---

1. C'est-à-dire une perruque jaune.

VII

« Drogon de Hautvilliers prêchait dans le désert et n a converti
personne. » (P. 117.)

Si maître de Hautvilliers, si Corrette, si Jouvenel des
Ursins et Latour-Landry, ont perdu leur latin à prê-
cher contre les affiquets des femmes, le moine récollet

PHILLIPPE BOSQUIER,

auteur du *Fouet de l'Académie des pécheurs* (Arras,
1597), y a perdu son français. Il a écrit une pièce sin-
gulière et très-rare, intitulée : Tragœdie *nouvelle dite
le Petit Rasoir des ornements mondains, en laquelle
toutes les misères de notre temps sont attribuées tant
aux hérésies qu'aux ornements superflus du corps*
(Mons, Ch. Michel, 1589, in-12 de 58 ff). Dans un
monologue du quatrième acte de cette pièce dédiée à
Alexandre Farnèse, duc de Parme, le bon Père Mineur
s'escarmouche et se bande vivement (selon son petit
pouvoir) contre les curiosités et ornements mondains
de la femme, allumettes de paillardise :

> Le seigneur a couvert le devant de ta teste
> De cheveux aplanis: tu t'en fais une tresse !

Il les a couchés droicts : tu les vas recourber !
Tu les range en frisons, tu les viens regriller !
Il te les a roulés à la plate couture,
Tu les viens relever, en forçant la nature !
Dy-moy, je t'en supply, quand d'un docte pinceau
L'artisant peincturier aura faict un tableau
Enrichi de couleurs, voudra-t-il bien permettre
Qu'un nasard savatier ou bien qu'un aultre maistre
Y trace ses couleurs ? Et tu dis à part toy,
Misérable aveuglé, que Dieu se taira coy,
Et qu'il n'aura soucy de laire la vengeance
Si tu razes de toy son image et semblance
Qui reluit en ta face ? Las ! pauvres abusés,
Je crains que ces couleurs, desquelles vous usés,
Ne viendront tellement desguiser vostre face,
Que le juge éternel, n'y voyant nulle trace
Du pinceau de sa main, nulles de ses couleurs,
N'y voyant rien du sien, je crains certes, messieurs,
Qu'estant tout allumé d'une juste cholere,
Vous dechassant de soy, vous chassant de sur tere,
Fouldroyant contre vous les arrestz éternels,
Ne die justement, comme à tous infidels :
« Je ne vous cognoy pas, vous n'estes mon ouvrage,
Vous n'estes marquetés du sceau de mon image,
Car vous avez brouillé le teinct de vos cheveux,
Le teinct de vostre face et le teinct de vos yeulx. »

VIII

Les Religieuses à Venise.

« Ce n'est pas qu'il faille croire à tout ce qu'on a dit de cette
liberté... surtout de certaines religieuses qui ont donné l'occasion
de calomnier les couvents. » (Page 138.)

Ce que rapporte le président de Brosses est tellement en dehors de nos mœurs générales, et à plus forte
raison des mœurs des couvents de nos jours ; ce sont
récits d'une telle invraisemblance pour qui ne se rendrait pas compte de l'essence de certains monastères
de Venise au dernier siècle, qu'il nous a paru opportun d'évoquer dans la question un autre personnage
que le petillant président, dont l'humeur gauloise et
sceptique à l'excès pourrait inspirer quelque défiance
à plus d'un lecteur. Nous voulons parler d'Alexandre
Toussaint Limojon, sieur de Sainct-Didier qui, en
1680, a donné à Paris, chez De Luynes et Billaine,
deux éditions d'un livre *De la Ville et République de
Venise,* réimprimé sur-le-champ chez Daniel Elzevier :
livre charmant, d'une lecture aimable, rempli de faits
précis et d'appréciations justes. Il a parlé de nos Religieuses, et non-seulement d'elles, mais aussi de nos

patriciennes, de nos *gentildonne,* comme on disait, et de nos courtisanes. Et comme le bonhomme ne procède que par chapitres, il en consacre un à chacune de ces classes. Ouvrez le livre aux pages 307, 318 et suivantes, et vous remarquerez comme il affirme sans broncher que sur trente-quatre à trente-cinq monastères existant à Venise, dans ce temps-là, il y en avait plus de la moitié qui vivaient aussi régulièrement qu'en nulle ville du monde; et entre les autres maisons de nonnains dont la règle n'obligeait pas à mener une vie entièrement retirée du siècle, il en était sept ou huit où l'on ne recevait point de religieuses qu'elles ne fussent nobles vénitiennes, tandis que les autres étaient remplies de dames de diverses conditions. Or, ces *gentildonne,* sans être des chanoinesses séculières, comme les chanoinesses de nos jours, prétendaient, quoi qu'elles eussent fait des vœux, ne point avoir rompu avec les mondanités. Ces nonnettes faisaient à elles seules plus de bruit que toutes les autres ensemble. Pour elles, l'usage de pratiquer le carnaval, en la saison, était aussi naturel que celui d'aller un peu, par jour, dans le chœur. « Pendant le carnaval, dit le brave Sainct-Didier, les parloirs sont le rendez-vous des masques; plus ils sont bouffons et ridicules, mieux ils sont reçus. Les jeunes gentilshommes font des parties pour se déguiser le plus extravagamment qu'ils peuvent, et vont de couvents en couvents divertir les religieuses par mille contes plaisants. » Ainsi la reine de l'Adriatique allait droit à l'abîme à travers les folles gaietés, les plaisirs faciles et les *lazzi* de Truffaldin. C'était à la grille des couvents mondains, qu'aux derniers jours

du carnaval, on voyait des nonnes déguisées en femmes
du monde, même en hommes, avec bouquet de plumes
au chapeau, et, ainsi atournées, faire la révérence et le
salut galant de la main, de la lèvre et de l'œil, avec toutes
les grâces du bel air, aux allants et venants au parloir.

Par la sambleu ! que les nonnes sont folles !

disait Ververt perverti.

On peut voir, dans notre musée Correr, à Venise,
un tableau du vrai peintre de nos fêtes masquées, au
xviiie siècle, Pietro Longhi, fin, spirituel et caractéris-
tique comme le Gavarni de Paris ; maître en son
genre autant que personne par la gentillesse de ses
scènes et la justesse de sa pantomime. Dans ce tableau, qui représente au vif un de ces parloirs peu mys-
tiques, en cette saison si peu mystique elle-même et
si peu contenue, du carnaval de Venise, il n'y a pas
jusqu'aux marmots, venus sans doute pour visiter la
nonne leur parente, qui ne soient habillés en petits
arlequins, ou en pierrots, ou en Césars.

A voir ces tableaux de Longhi, à lire les récits
du président de Brosses, du bon Sainct-Didier, et de
tant d'autres voyageurs ou résidents, on est forcé de
reconnaître que les saintes austérités de la Foi couraient
grand risque d'être de peu de mise en ces cloîtres où
l'on était généralement professe de par le vouloir de
grands parents , contre toute vocation de l'âme et
du cœur. Qu'étaient-ce en effet que ces couvents ?
Des asiles exceptionnels chez lesquels la règle était
relâchée et devenue lettre morte, comme jadis à la

Trappe de Mortagne, avant la fameuse réforme intro-
duite par l'abbé de Rancé; c'étaient, en un mot, de ces
monastères qui ne se recrutaient guère par la piété :
vrais sépulcres vivants de malheureuses cadettes qui
s'obstinaient à ne point vouloir mourir tout à fait au
monde d'où les avaient arrachées certains intérêts,
certaines convenances de famille. « Il eût été difficile,
dit Sainct-Didier, de trouver dans les uns et dans les
autres couvents une jeune religieuse qui n'avouât in-
génument dans le particulier, qu'elle n'étoit entrée
dans le cloître que par la déférence qu'elle avoit eue pour
la volontée absolue de ses parents, ou bien qu'y ayant
été mise dès son enfance, on ne lui ait plus laissé la
liberté de choisir, de sorte que si l'on leur parloit d'en
sortir, elles répondoient ordinairement *magari*, c'est-
à-dire : « Bien volontiers, si cela étoit possible. »

C'est donc aux couvents mondains et non pas à tous
les couvents de Venise que le divertissant président
de Brosses a voulu faire allusion. Ailleurs, on priait, et
il avait autre chose en tête que de prier. Cette réserve
faite, on a toute liberté d'ajouter une foi entière aux
menus propos du président, comme aux aventures mo-
nastiques du cardinal de Bernis et de Casanova de
Seingalt, ce fou qui dansait en pierrot dans un parloir
une forlane échevelée. Sainct-Didier ne veut pas que
l'on croie « à tout ce qu'on dit ordinairement des couvents; non plus on ne doit pas écrire tout ce qu'on
en sait, lorsqu'on n'est que médiocrement informé de ce
qui se passe dans certains monastères. » Il ajoute néan-
moins après ce beau discours : « Rien n'est plus fré-
quenté que les parloirs de religieuses, et quelque

rigoureux que puissent être les magistrats sur les monastères, les nobles qui y ont des habitudes y rendent
de fréquentes visites ; et comme il n'y a point de jeune
religieuse bien faite qui ne soit courtisée par plus d'un
cavalier, toute la vigilance des supérieures ne sert qu'à
faire trouver à ces filles plus d'expédients pour voir
leurs amants. »

«On doit un coup d'œil au miroir,» était une maxime
pratiquée aux moutiers vénitiens, comme chez les
nonnains de Ververt. Si les filles du Seigneur à Venise avaient un vêtement de camelot blanc, elles
avaient bien vite l'art de le relever d'une guirlande
noire ou d'un feston de crêpe. Le corps était busqué,
mais l'on a peine à croire ce qu'on a eu l'indiscrétion
d'écrire partout, à savoir que la gorge fût découverte.
Toujours est-il, on le peut affirmer en toute assurance,
qu'il n'était pas un visiteur qui ne revînt charmé.
L'excellent Limojon de Sainct-Didier, avec l'ingénuité
d'une novice, le dit en termes exprès :

« Comme ces dames sont propres en linge, dit-il, et
qu'avec cela les plus galantes ne sont jamais sans des
fleurs qu'elles attachent devant elles ou qu'elles mettent
dans leur sein, il faut avouer qu'on ne peut rien voir
de plus agréable. »

IX

Les Courtisanes.

« Et les Courtisanes, c'était une caste, un ordre dans l'État. »
(Page 131.)

Au xvie siècle, il serait inutile de chercher ailleurs
qu'à Rome et à Venise des courtisanes célèbres. C'était
seulement dans ces deux capitales que la voie leur était
ouverte au renom et à la fortune. En un mot, Venise
et Rome étaient leurs deux centres d'action, leurs cours,
leurs trônes, comme aujourd'hui Paris et Londres. A
Rome, sous Clément VII, on parlait couramment de
ces Vierges folles ; on citait la Serafina et tant d'autres
pour leur élégance, leur faste, leurs charmes incomparables, comme, de nos jours, à Paris, on célèbre le faste
et les charmes de telles ou telles qui tiennent le haut
du pavé. L'Arétin, digne historien des *Cortigiane*,
révèle, dans ses lettres plus encore que dans ses trop
fameux *Ragionamenti*, à quel degré de fortune, de
recherche et de luxe pouvaient parvenir, à Venise, les
merveilleuses de cette caste. Les *Novelle* de Messer
Bandello, évêque d'Agen, petits chefs-d'œuvre de récit
et de langage, sont également toutes remplies de la
gloire d'héroïnes de ce genre ; et c'est, à ces deux écrivains, d'humeur cependant si différente, qu'il faut ren-

voyer pour connaître les airs, les jeux et intrigues, en un mot les mœurs et ravages d'amour de ces *compagnies* qui faisaient l'étonnement des jeunes gentilshommes allant en cour de Rome ou dans l'État de Venise. Mais au xviie siècle, et encore plus au xviiie, il faut reconnaître que Rome affichait beaucoup moins ce singulier triomphe ; et si l'on en croit le président De Brosses, si l'on en croit les papiers et rapports de nos *Provveditori alle pompe*, magistrats préposés aux choses de luxe, c'était à Venise, où florissait jadis le bon plaisir de la beauté, à Venise, où l'affluence des étrangers et les facilités qu'offrait, deux fois l'an, l'usage du masque, faisaient de la ville un lieu unique, que les courtisanes avaient le mieux leurs coudées franches et formaient à proprement parler non plus une compagnie, mais une caste. Pourvues de toutes les séductions naturelles et acquises, païennes de cœur, chrétiennes de bouche, elles avaient la fierté de leur liberté sans limite, toujours sûres d'elles, parce que la jeunesse et la gaieté, ce je ne sais quoi qui fait que l'on est aimée pour un rien, c'est-à-dire pour ce qui est tout au monde, ne leur manquait pas. « Ceux qui connoissent, disait le sieur de Sainct-Didier, autant Rome que Venise, sont en peine de décider en laquelle de ces deux villes il y a plus de courtisanes et plus de libertinage. Pour moi, je suis certain que rien ne peut égaler ce qui se voit à Venise, tant pour la multitude de ces personnes-là que pour la pleine liberté que chacun y prend sans crainte d'être troublé. Et comme il n'y a point de courtisane tant soit peu raisonnable qui ne se couvre du nom et de la protection de quelque noble Vénitien, cela fait qu'elles sont considérées du menu peuple et qu'on les regarde avec plus d'envie pour leur fortune que d'aversion pour la profession qu'elles exercent. »

La place Saint-Marc était leur Bois de Boulogne; le carnaval, leur grande saison. « Elles se déguisent et s'ajustent très-proprement, ajoute Sainct-Didier, et se font voir ainsi à la place Saint-Marc, où elles trouvent tous les jours de nouvelles habitudes; mais la plupart sont louées ou retenues pour tout le carnaval, — parce qu'on ne passeroit pas pour galant homme, si l'on ne se donnoit une compagnie de cette sorte pendant un temps de divertissement, où l'on se fait honneur de mener une demoiselle à l'opéra, à la comédie, au bal et partout où l'on peut se divertir. » Il va de soi que, dans les temps ordinaires, les courtisanes, dont toute l'ambition se portait avant tout vers les étrangers, s'étudiaient, pour mieux séduire, à contrefaire les femmes honnêtes. Aussi, bien que défense leur en fût faite expressément, elles portaient cet élégant voile blanc, qui était la parure ordinaire des citadines : « Grand voile blanc d'une gaze très-fine et très-lustrée, qui leur descend par derrière jusqu'au bas de la jupe ; et les deux coins où il y a des nœuds de rubans, sont soutenus à fleur de terre par des cordons attachés à la ceinture. Le voile est majestueux et sied fort bien.... »

Pour être connues, célébrées et répandues, les moyens ne leur manquaient pas plus que les charmes. De nombreux serviteurs et cavaliers servants se chargeaient de faire l'*ambasciàta*. Voyez plutôt la lettre du président, en date du 14 août 1739, à laquelle nous avons fait tant d'emprunts sur le train de la galanterie, lettre

où il rappelle comment la Sérénissime République
a fait main-basse, le même jour « sur près de cinq
cents courtiers d'amour qui, abusant de leur ministère
public, s'en allaient offrir à tout venant, sur la place
Saint-Marc, madame la Procuratesse celle-ci, ou madame la Chevalière celle-là ; de sorte qu'il arrivait quel-
quefois à un mari de s'entendre proposer sa femme. »
Mais le président si bien renseigné ne dit pas qu'il
circulait mieux encore que de tels courtiers, c'est à
savoir des catalogues et répertoires imprimés sous
la forme la plus recommandable, témoin celui-ci entre
autres, auquel il serait difficile de reprocher le manque
de lucidité et de précision : *Questo si è il Catalogo de
tutte le principale et più honorate cortigiane de Venetia, il nome loro, et il nome delle loro pieʒe et le stantie ove loro habitano et di più ancor vi narra la con-
tratti ove sono le loro stantie et etiam il numero de li
dinari che hanno da pagar quelli gentilhuomini et
altre che desiderano intrar nella sua gratia.* Ce qui
revient à dire que tel est le catalogue des plus honorées
courtisanes, l'indicateur de leur résidence et la provi-
sion à laquelle elles prétendent. Ainsi qu'il convenait,
le livre a une dédicace en l'honneur de l'une des plus
illustres dames, qu'il a pris soin d'indiquer : *Alla molto
magnifica e cortese signora la signora Livia Aʒolina,
patrona e signora mia osservandissima.* C'était une
dame de vingt-cinq écus. Ce genre de livrets est devenu
de toute rareté, il n'y a point lieu de s'en plaindre;
et s'ils arrivent à un prix élevé dans les ventes où de
fortune ils peuvent passer, il faut s'en prendre plutôt
à la *curiosité* qu'au *bon goût.*

X

LA GUIRLANDE POÉTIQUE

DES FEMMES BLONDES[1].

« Vous avouerez que le jugement de Pâris est la loi du monde. »
(Page 32.)

> *Pauca meo Gallo, sed quæ legat ipsa Lycoris,*
> *Carmina sunt dicenda.*
>
> VIRG. *Ecl.* X, 2, 3.

Que mon cher Gallus ait ici peu de vers, mais des vers qui soient lus de Lycoris elle-même.

i.

L'ÈVE DE MILTON.

(Paradise lost, book IV, 304-307, 324.)

She, as a veil, down to the slender waist
Her unadorned golden tresses wore
Disshevel'd, but in wanton ringlets waved
As the vine curls her tendrils .. .
.. . the fairest of her daughters, Eve.

« La femme porte comme un voile sa chevelure d'or

---

1. Nous aurions pu multiplier ces citations ; nous nous sommes bornés à quelques exemples.

qui descend éparse et sans ornement jusqu'à sa fine
ceinture, se roule en capricieux anneaux comme la
vigne replie ses attaches... Ève, la plus belle des
femmes qui naquirent ses filles. »

Traduction de Chateaubriand.

2.

HOMÈRE.

« Hymn. IV in Venerem, v. 5 et sqq. »

VENUS.

Τὴν δὲ χρυσάμπυκες Ὧραι
δέξαντ' ἀσπασίως, περὶ δ'ἄμβροτα εἵματα ἕσσαν
κρατὶ δ' ἐπ' ἀθανάτῳ στεφάνην εὔτυκτον ἔθηκαν,
καλὴν, χρυσείην· ἐν δὲ τρητοῖσι λοβοῖσιν
ἄνθεμ' ὀρειχάλκου, χρυσοῖό τε τιμήεντος·
δειρῇ δ' ἀμφ' ἁπαλῇ καὶ στήθεσιν ἀργυ͜έοισιν
ὅρμοισι χρυσέοισιν ἐκόσμεον, οἷσί περ αὐταὶ
Ὧραι κόσμηθεν χρυσάμπυκες, ὁππότ' ἴοιεν
ἐς χορὸν ἱμερόεντα θεῶν καὶ δώματα πατρός
Αὐτὰρ ἐπειδὴ πάντα περὶ χροῒ κόσμον ἔθηκαν,
ἦγον ἐς ἀθανάτους· οἱ δ' ἠσπάζοντο ἰδόντες,
χερσί τ' ἐδεξιόωντο, καὶ ἠρήσαντο ἕκαστος
εἶναι κουριδίην ἄλοχον, καὶ οἴκαδ' ἄγεσθαι,
εἶδος θαυμάζοντες ἰοστεφάνου Κυθερείης.

« Les Heures à la blonde chevelure la reçoivent avec
joie, et la revêtent d'une robe divine ; elles placent sur
sa tête une couronne d'un travail admirable, et sus-
pendent à ses oreilles des anneaux d'un métal précieux.
Elles entourent son cou délicat d'un collier d'or qui
serpente sur sa poitrine et que les Heures ont coutume

de porter elles-mêmes, lorsqu'elles se rendent à l'assemblée des dieux, dans le palais de Jupiter. Après avoir achevé cette parure, elles conduisent la déesse au milieu des immortels. Tous, charmés à son aspect, lui présentent la main, et chacun d'eux désire conduire en sa demeure cette aimable vierge, pour en faire son épouse, tant ils admirent la grâce de Cythérée, qu'embellit encore une simple couronne de violettes. »

Traduction de DUGAS-MONTBEL.

3.

HÉSIODE.

« *Théog.* 191 sqq. »

LA VÉNUS GRECQUE.

Τῷ δ' ἔνι κούρη
ἐθρέφθη · πρῶτον δὲ Κυθήροισι ζαθέοισιν
ἔπλητ' · ἔνθεν ἔπειτα περίῤῥυτον ἵκετο Κύπρον.
Ἐκ δ' ἔβη αἰδοίη καλὴ θεὸς, ἀμφὶ δὲ ποίη
ποσσὶν ὑπο ῥαδινοῖσιν ἀέξετο · τὴν δ' Ἀφροδίτην,
ἀφρογενέα τε θεὰν καὶ ἐϋστέφανον Κυθέρειαν
κικλήσκουσι θεοί τε καὶ ἀνέρες, οὕνεχ' ἐν ἀφρῷ
θρέφθη · ἀτὰρ Κυθέρειαν, ὅτι προσέκυρσε Κυθήροις.
Κυπρογενέα δ', ὅτι γέντο πολυκλύστῳ ἐνὶ Κύπρῳ ·
ἠδὲ φιλομμηδέα, ὅτι μηδέων ἐξεφαάνθη.
Τῇ δ' Ἔρος ὡμάρτησε, καὶ Ἵμερος ἕσπετο καλὸς
γεινομένῃ ταπρῶτα θεῶν τ' ἐς φῦλον ἰούσῃ.
Ταύτην δ' ἐξ ἀρχῆς τιμὴν ἔχει ἠδὲ λέλογχε
μοῖράν ἐν ἀνθρώποισι καὶ ἀθανάτοισι θεοῖσι,
παρθενίους τ' ὀάρους μειδήματά τ' ἐξαπάτας τε
τέρψιν τε γλυκερὴν φιλότητά τε μειλιχίην τε.

« Une jeune vierge naquit de cette écume blanche.

D'abord elle se dirige vers la divine Cythère, puis elle entre dans l'île de Chypre. Cette noble et belle immortelle fait-elle un pas, le gazon fleuri croît sous ses pieds délicats. Les dieux et les hommes l'appelèrent déesse *Aphrodite*, *Aphrogène*, et *Cythérée* à la belle couronne, parce qu'elle naquit de l'écume, parce qu'elle entra dans Cythère, et *Cyprogène,* parce qu'elle aborda aux rivages retentissants de Chypre. Elle reçut, elle aussi, le surnom de *Philomède,* à cause de son origine. L'Amour et le beau Cupidon aimèrent à se jouer autour de son berceau, comme ils se plaisent autour de son trône, dans l'assemblée des dieux. Dès sa naissance, elle fut puissante parmi les hommes et les dieux immortels. Elle compta pour apanage les secrets de la jeunesse, le sourire et les séductions de l'Amour, le triomphe et les jouissances de la volupté. »

On pourrait accumuler à l'infini les citations de ce genre. L'anthologie grecque est pleine de Blondes.

« O couronnes, dit le philosophe platonicien Asclépiadès, épanchez sur sa tête votre amère rosée, afin que sa blonde chevelure s'abreuve mieux de mes larmes. »

Paul le Silenciaire chante aussi tout bas une Blonde : « Un réseau retient-il ta chevelure, je me sens consumé d'amour... Ta tête est-elle nue, tes cheveux blonds me causent un trouble qui m'ôte la raison. »

La blonde Antianice est toujours belle.

Homère n'a jamais si bien dit que quand il a nommé Vénus χρυσῆ, la déesse d'or.

L'or, χρυσός, était le type de la beauté. Sur quelques

vases peints, il est personnifié avec une robe richement brodée, des manches semblables à celles que portent les amazones, un diadème, de longs cheveux tombant en ondes sur les épaules.

Outre ξανθός et d'autres mots qui servaient à désigner la chevelure blonde, il y avait encore pour l'indiquer Πυρρόκομης, synonyme de Πυρρόθριξ. Pyrrhocome est le nom d'un cheval sur un vase peint. (Voy. *Cabinet Durand,* p. 98.)

La belle Iris, tantôt Brune et tantôt Blonde, de M. de La Sablière, avait son modèle dans l'antiquité grecque, témoin cette épigramme de l'Anthologie :

« Soit que je te voie, ô ma Reine, avec des cheveux noirs, soit qu'une couronne de blonds cheveux te serve de parure, ta grâce est la même et brille du même éclat. Je suis sûr que tes cheveux, fussent-ils blancs, serviraient encore d'asile aux amours. »

Ainsi, les belles de la Grèce se couvraient de perruques variées ou se ceignaient le front de tours de diverses couleurs. Lesbos était célèbre pour la fabrication de ces œuvres capillaires : «Ce tour lesbien de cheveux foncés,» dit l'anthologie. « J'en jure par la frisure de Timo aux belles boucles amoureuses, » dit encore une autre épigramme. Après le tour lesbien que nous venons de voir, qui nous garantirait que ces boucles et guirlandes amoureuses ne fussent pas aussi des ornements d'emprunt?

4.

VIRGILE.
(*Géorg.*, IV, 333-339; 349-352.)

Le pasteur Aristée, qui a perdu toutes ses abeilles
par la maladie et par la famine, abandonne les vallons
de Tempé, que le Pénée arrose, et, s'arrêtant à la source
sacrée du fleuve, il adresse des paroles éplorées à Cy-
rène, sa mère. « Celle-ci, du fond de sa couche humide,
s'émeut à la voix de son fils. Autour d'elle un cercle
de nymphes filait les toisons de Milet, aux teintes ver-
doyantes et azurées : c'étaient Drymo, Xantho, et Li-
gée, et Phyllodoce, dont les cheveux luisants tombaient
sur leurs blanches épaules, et Nésée et Spio, et Thalie,
et Cymodocée, et Cydippe et la blonde Lycoris...

> At mater sonitum thalamo sub fluminis alti
> Sensit : eam circum Milesia vellera Nymphæ
> Carpebant, hyali saturo fucata colore ;
> Drymoque, Xanthoque, Ligeaque, Phyllodoceque,
> Cæsariem effusæ nitidam per candida colla ;
> Nesææ, Spioque, Thaliaque, Cymodoceque,
> Cydippeque, et flava Lycorias....

« Pour la seconde fois, les cris de détresse d'Aristée
retentissent aux oreilles de sa mère. Toutes les Nymphes en tressaillirent sur leurs siéges de cristal. Mais
plus prompte entre toutes ses sœurs,

> Aréthuse, cherchant d'où partent ces sanglots,
> Montre ses blonds cheveux sur la voûte des flots.

> Iterum maternas impulit aures
> Luctus Aristæi, vitreisque sedilibus omnes

Obstupuere; sed ante alias Arethusa sorores
Prospiciens, summa flavum caput extulit unda.

Elle était, comme dit Malherbe :

> Elle était jusqu'au nombril
> Sur les ondes paroissante,
> Telle que l'aube naissante
> Peint les roses en avril.

5.

DANTE ALIGHIERI.

IL RITRATTO. (*Canzone* I^a, lib. v.)

Io miro i crespi e gli biondi capegli,
De' quali ha fatto per me rete Amore,
D'un fil di perle, e quando d'un bel fiore,
Per me pigliare ; e trovo ch' egli adesca :
E pria riguardo dentro gli occhi begli,
Che passan per gli miei dentro dal core
Con tanto vivo e lucente splendore,
Che propriamente par che dal Sol esca.
Vertù mostra così che 'n lor più cresca.
Ond' io che sì leggiadri star gli veggio,
Così fra me sospirando ragiono :
Oimè perchè non sono
A sol a sol con lei, ov' io la chieggio?
Sicch' io potessi quella treccia bionda
Disfarla ad onda ad onda;
E far de' suoi begli occhi a miei due specchi,
Che lucon sì, che non trovan parecchi.

Poi guardo l'amorosa, e bella bocca,
La spaziosa fronte, e il vago piglio.
Li bianchi diti, e il dritto naso, e il ciglio
Polito, e brun, talchè dipinta pare.

6.

LODOVICO ARIOSTO.

(Orlando furioso, canto VII, s. 10, 11, 12, 13.)

Sola di tutti Alcina era più bella,
Sì com' è bello il Sol più d'ogni stella.

Di persona era tanto bel formata,
Quanto me' finger san pittori industri;
Con bionda chioma, lunga, ed annodata;
Oro non è, che più risplenda, e lustri.
Spargeasi per la guancia dilicata
Misto color di rose, e di ligustri.
Di terzo avorio era la fronte lieta,
Che lo spazio finia con giusta meta.

Sotto due negri, e sottilissimi archi
Son duo negri occhi, anzi duo chiari Soli,
Pietosi a riguardare, a mover parchi,
Intorno a cui par, ch' Amor scherzi, e voli,
E ch' indi tutta la faretra scarchi,
E che visibilmente i cori involi.
Quindi 'l naso per mezzo il viso scende,
Che non trova l'Invidia, ove l'emende.

Sotto quel sta, quasi fra due vallette,
La bocca sparsa di natio cinabro;
Quivi due filze son di perle elette,
Che chiude, ed apre un bello, e dolce labro;
Quindi escon le cortesi parolette
Da render molle ogni cor rozzo, e scabro;
Quivi si forma quel soave riso,
Ch' apre a sua posta in terra il paradiso.

Bianca neve è il bel collo, e 'l petto latte;
Il collo è tondo, il petto colmo, e largo;
Due pome acerbe, e pur d'avorio fatte,
Vengono, e van, com' onda al primo margo,

Quando piacevol aura il mar combatte.
Non potria l'altre parti veder Argo :
Ben si può giudicar, che corrisponde
A quel, ch' appar di fuor, quel, che s'asconde.

. . . .

7.

TORQUATO TASSO.

Delle rime di Torq. Tasso. *Ritratto della signora
Donna Marfisa d'Este*, seconda parte, p. 20.)

Dipinto havevi lor de biondi crini,
E de le guancie-le vermiglie rose,
Equella boeca, in cui Natura pose,
Quasi caro tesor, perle e rubini

8.

RABELAIS?

dans la *Louenge des femmes, invective extraite du
commentaire de Pantagruel sur l'Androgyne de Platon* (sans nom de lieu, 1551, in-8), attribuée à Rabe-
lais, le *Blason de la femme.*

Femmes de qui les cheueux blonds,
Soit troussez court ou pendants longs,
Seruent à l'amoureuse ruse
Comme les serpents de Méduse . . . .

Femmes de qui les noirs sourcils
Seruent à Vénus et son fils
D'arc, confit en putes liqueurs,
Pour tirer châsteté des cœurs.

. . . .

9.

MAURICE SCEVE.

Délie, object de plus haulte vertu. (Lyon, Sulpice Sabon, 1544, in-8, pag. 49.) L'auteur était l'ami de Clément Marot.

Sur le matin, songeant profondement,
Je vy ma dame avec Vénus la blonde :
Elles auoient vn mesme vestement,
Pareille voix et semblable faconde :
Les yeux riants en face et teste ronde.
Mais vn regret mon cœur entrelassoit
Avec maintien, qui le tout compassoit.
Apperceuant ma maistresse plus belle :
Car Cytarée en pitié surpassoit
Là où Délie est tousiours plus rebelle.

10.

MELLIN DE SAINT-GELAIS,

le contemporain et rival de Clément Marot, qui n'a pas cité une seule fois, les cheveux blonds dans ses œuvres, donna la pièce suivante dans ses *OEVVRES* poétiques (Lyon, Benoist Rigavd. M.D.LXXXII).

D'UN BRACELET DE CHEUEUX.

Cheueux, seul remede et confort
De mon mal violent et fort,
Cheueux longs, beaux et desliés,
Qui mon cœur tant plus fort liez,
Que plus il veut tendre et tascher
A se distraire et destacher;
Cheueux qui fustes couuerture
Du grand chef d'œuure de nature,

Où le ciel qui tout clost et voit,
A monstré combien il pouuoit
Assembler en petite espace
De beauté et de bonne grace.
Cheueux qui sceustes estranger
Moy de moy mesme, et me changer
Tellement que je vous accuse
De l'effect de ceux de Méduse,
M'ayant rendu vn corps sans ame,
Ou plustost une vive flamme.
Ha ! cheueux, n'ayez nul regret
De vous voir en lieu si secret,
Loing de vos compagnons dorez
Qui du monde sont adorez.
Celle qui en peut ordonner
A moy vous a voulu donner
Pour appuy de ma foible vie,
Dont vous n'auriez deuil ny enuie :
Si vous sauiez, ô blonds cheueux,
Quel est le bien que je vous veux.
Le moindre de vous m'est plus cher
Qu'autre amie entiere toucher,
Ne que les tresors assemblez
Du fin or que vous ressemblez.
Et toutesfois, pour estre miens,
N'ayez peur de n'estre point siens :
Elle ne cognoist rien à soy,
Plus sien, que ce qui est à moy.
Au moins, en ceste qualité
Auons-nous quelque égalité.
Si vn ciseau vous fait outrage,
Vn dard m'en fait bien dauantage.
Il y perd à mon œil estaint
Et vous n'en changez point de teint,
Qui vous est plaisir et bon heur
Et perte de si grand honneur.
Ceux dont vous estes separez
Sont peut-estre ores mieux parez,
Mais si sont-ilz en ce danger
De se voir par le temps changer.
Et d'or en argent conuertis,
De quoy vous estes garentis.

Car temps ne vous y peut contraindre.
Et quand bien vous le pourriez craindre,
Cheueux, vous estes à un maistre
Qui vous oseroit bien promettre,
Et au chef dont estes venus,
Qu'en lieu de deuenir chenus,
Il fera que le cours des ans
Vous rendra plus beaux et plaisans.
On ne voit point pour forts hiuers
Les lauriers moins feuillus et verds,
Le beau dieu qui en print la cure
Les defend de celeste iniure,
Et je feray tant, si ie puis,
Aidé de celle à qui ie suis,
Que mes honneurs vous feront tels
Qu'elle et vous serez immortels.

Cette pièce était, comme la précédente, un Blason. Saint-Gelais l'avait composée, en concurrence avec de Vauzelle, jurisconsulte à Lyon, le traducteur de la *Genèse*, de l'*Arétin*. On sait qu'au xvie siècle, c'était la mode de *blasonner* et *contre-blasonner*, c'est-à-dire de louer et de décrier, en vers. Ainsi l'on eut, en 1539, les *Blasons domestiques, contenant la déclaration d'une maison honneste, et du mesnage estant en icelle.* En 1547, on eut les *Blasons de la goutte, de l'honneur et de la quarte*, et, en 1550, les *Blasons anatomiques du corps féminin, ensemble les Contre-Blasons avec les figures, par plusieurs poëtes.* On eut *le Blason des basquines et vertugalles, avec la belle remontrance qu'ont faict quelques dames quand on leur a remonstré qu'il n'en falloit plus porter.* (Lyon, Ben. Rigaud, 1563). On eut encore le *Blason des hérétiques.* Que n'eut-on pas, en ce temps-là, sous ce titre de Blasons?

II.

DE VAUZELLE

donna, à sa manière, le *Blason des cheveux*.

Cheueulx dorez, rayons sur le soleil,
Si tres luisantz, qu'ils font esblouyr l'œil
Qui les regarde et les voit coulourez
Non pas d'or fin, mais encor mieulx dorez
De je ne sçay quelle couleur diuine
Qui luyt en eulx et qui les illumine
D'une clarté diuerse et dyaphane,
Qui n'appartient à vng regard prophane.
Car ce sont crins non point escharpillez
Mais polyment sans art entortillez,
Lesquelz separe une voye lactée
Parmy le chef droictement dilatée,
Où plus on lit de secrets de nature
Qu'on ne faisoit es colomnes Mercure.
Cheueux follets ondoyants sur la ioue,
Où mainte grace et maint amour se ioue.
Cheueux qui sont, tout ainsi que Méduse,
Transformer cil qu'à les veoir trop s'amuse ;
Cheueulx espars, sur le col voletantez
Et par nature en contour flocquetantez
Si frisquement, qu'elle voit en celle œuure
Tout son sçauoir, c'est son diuin chef-d'œuvre,
Où pour tout vray elle clost et enchasse
Une déesse à l'angelique face :
Cheueulx au chef veuz tant bien festonnez
Que gentils cueurs seroient plus estonnez
Vous veoir troubler que leur chose publique ;
Cheueulx qu'on peut rendre Néron l'inique
Admirateur de vostre grand valeur
Tant qu'aux Romains feit porter leur couleur :
O cheueulx blonds !....

12.

PIERRE DANCHE,

dans son *Blason de la belle fille,* imprimé à la suite
des poésies de Coquillard que nous avons citées (Paris,
Jeanne de Marnef, 1546), fait ainsi le portrait d'icelle :

> Une·dame d'excellente beauté
> En tous ses faicts doit estre moderee :
> Avoir le cueur remply de loyauté,
> Maintien rassis, contenance asseuree,
> Bouche riant, mignonne, sauourée,
> Œil verdelet, le tout largettement.
> Clere de vis (*visage*) de couleur proprement,
> Menton fourchu, *la cheuelure blonde,*
> Humble regard à leuer doucement,
> Parfaite en bien seroit la plus du monde.

13.

ESTIENNE FORCADEL,

dans un charmant recueil de poésies intitulé : *Le
Chant des Seraines, avec plusieurs compositions nouvelles* [1]. (Paris, Gilles Corrozet, 1548, in-16, fol. 35),
on remarque un portrait de femme, sous ce titre : *La
Beaulté d'une damoiselle,* ou la *Beauté de Clytie*

---

[1] Ce même Forcadel a donné aussi le *Blason des Dames, selon
le pays :* l'*Allemande, la Génevoise, l'Espagnole, etc.,* et le *Blason des couleurs.*

Le *Chant des Seraines* est reproduit dans un recueil intitulé :
Déploration de Vénus, et dans l'édition des *Œuvres poétiques* de
cet auteur, citée à l'article suivant.

(page 20); cette damoiselle ne pouvait être que Blonde,
puisqu'elle était belle.

> Quand en plein iour elle a son chef orné
> Semble celuy dedans Cypre attourné,
> Que Venus peigne au conseil du miroir,
> Pour mieulx au gré d'Adonis comparoir.
> Et qu'ainsi soit, Cupido, considere
> Que, de ces iours, tu l'a prins pour ta mere ....
>
> Quant à son front, cent fois me suis reprins,
> Que trop souuent pour yuoire l'ay prins.
> J'ay prins cent fois, pour or, sa cheuelure :
> Si i'en auois, i'en ferois pourfilure.
> Et le seigneur, peult estre, qui l'a faite,
> Feit pleuuoir or aux cymes de sa teste.
>
> Tel qui orna Bérénice la belle
> Qui maintenant au clair ciel estincelle,
> Près du Lyon, astre qu'on voit la nuit :
> Vray qu'un peu plus ma Clytie reluit.
> Ainsi son chef blond, propre, bien assis,
> Couure l'esprit, chanu, prompt et rassis ;
> Et n'eust osé entreprendre nature
> Le mettre tel en moins belle facture.

14.

LE MÊME,

au *Dialogue rustique* d'ESTIENNE FORCADEL, dans
ses *OEuvres poétiques* (Paris, Guillaume Chaudière,
1579, in-8), p. 274, on voit que la qualification de *la
Blonde* était prise en belle part.

DAPHNIS.

> Je suis Daphnis, ton amy, fils aisné
> De Lycidas le bouuier fortuné;
> Fils aîné suis de *nomée la Blonde :*
> Ma parenté est illustre et feconde.

15.

JOACHIM DU BELLAY,

dans son *Olive* (Paris, 1550, in-8), représente sa maîtresse blonde.

Sonnet 65.

Ces cheueux d'or, ce front de marbre et cette
Bouche d'œillets et de liz toute pleine ....

Et Sonnet 71.

Le crespe honneur de cet or blondissant
Sur cet argent assy de tous costez ....

Et Sonnet 91.

Rendez à l'or cette couleur qui dore
Ces blonds cheueux, rendez mill' autres choses ....

16.

LOYS LE CARON, PARISIEN.

(*La poésie de Loys Le Caron.* Paris, Gilles Robinot, 1554, in-8.)

Sonnet 35.

Les blonds cheueux que j'adore en ma Claire
Sont les rayons du soleil de beauté,
Le noir sourcil, d'amour la priuauté,
Où s'esbatant ma Claire dame esclaire...

Sonnet 54.

Du plus exquis de la pure beauté
Amour fila une tresse feconde,
En crespe crin, la parure du monde,
La mignardant par braue nouueauté
Du plus constant de chaste loyauté
Honneur cueillit la sainteté plus monde
Aux champs heureux de la jeunesse blonde
Par l'entrosner en sa grand priuauté.

17.

JACQUES TAHUREAU DU MANS

(Paris, Jean Ruelle, 1574, in-8), p. 113, à Jean Renard :

Ne voir ma nymphe au matin proprement,
Trousser d'un nœu sa cheuelure blonde
Qui sur son front reflotte comme une onde
Autour des yeux voletant doucement.......

18.

LE MÊME.

Baiser I, p. fol. 102 :

Descouure-moy ta poitrine
Ta blanche gorge yuoirine
Ce beau teton rondelet ;
Ça, que mon col s'entortille
Parmy la tresse gentille
De ce beau chef blondelet.

Fol. 90.

Mais quand viendra que je morde et rebaise
Tastant, pressant ces doigts longuets, rosins,
Et qu'enlacé du bel or de ses crins,
J'aille embouchant cette vermeille braise.

Fol. 89.

Ce chef tant beau, d'or blondissant couvert.

Fol. 67.

En quel fleuve areneux jaunement s'escouloit
L'or qui blondist si bien les cheueux de ma dame ?

19.

JACQUES PELLETIER DU MANS,

dans son recueil de vers lyriques, l'*Amour des
Amours*, contenant quatre-vingt-seize sonnets (Lyon,
J. de Tournes, 1555, in-8), avec son orthographe ba-
roque, célèbre ainsi la chevelure de sa maîtresse :

Filez espars dont Zéfire se ioue
Des meins d'amour à ma mort deliez
Qui plus sutiz (subtils, fins) êtes e deliez
Plus le neu serre e plus tard se denoue.

L'autre soleilh, qui moins luisant s'auoue,
Quand il vous voèt an son iour depliez
Cachant ses rez, de honte humiliez,
Rougit an nue et l'une et l'autre joue.

Merveilhe n'ét qu'einsi par vous ie meure :
Car vous nessez, et si fetes demeure
An ce haut lieu, qui an perfeccion

Voét tout obget, fors que ma contenance,
Qui antand tout, fors mon afeccion :
Qui a de tout, fors de moe, souvenance.

20.

RONSARD.

PREMIER LIVRE DES AMOURS.

Sonnet III.

Entre les rays de sa iumelle flame
Je veis Amour qui son arc desbandoit,
Et dans mon cœur le brandon espandoit,
Qui des plus froids les mouëlles enflame.

Puis en deux parts, près les yeux de ma Dame,
Couuert de fleurs vn ret d'or me tendoit,
Qui tout crespu sur sa face pendoit
A flots ondez, pour enlacer mon âme.

Qu'eusse-ie faict? L'Archer estoit si doux,
Si doux son feu, si doux l'or de ses nouds,
Qu'en leurs filets encore ie m'oublie :

Mais cet oubly ne me trauaille point,
Tant doucement le doux Archer me poingt,
Le feu me brusle, et l'or crespe me lie.

21.

LE MÊME.

Sonnet VI.

Ces liens d'or, ceste bouche vermeille,
Pleine de lis, de roses et d'œillets,
Et ces sourcis, deux croissans nouuellets.
Et ceste ioue à l'Aurore pareille :

Ces mains, ce col, ce front et ceste oreille,
Et de ce sein les boutons verdelets,
Et de ces yeux les astres iumelets
Qui font trembler les ames de merueille,

Firent nicher Amour dedans mon sein,
Qui gros de germe auoit le ventre plein
De petits œufs qu'en notre sang il couue.

Comment viuroy-ie autrement qu'en langueur?
Quand vne engeance immortelle ie trouue
D'Amour esclos et couuez en mon cœur?

22.

LE MÊME.

Sonnet XVII.

Le Destin veut qu'en mon ame demeure
L'œil et la main, et le poil, délié,
Qui m'ont si fort bruslé, serré, lié,
Qu'ars, prins, lassé, par eux faut que ie meure.

Le feu, la prise, et le ret à toute heure,
Ardant, pressant, noüant mon amitié,
En m'immolant aux pieds de ma moitié,
Font par la mort, ma vie estre meilleure.

Œil, main, et poil, qui bruslez et gennez
Et enlacez mon cœur que vous tenez
Au labyrinth' de vostre crespe voye,

Que ne puis-ie être Ouide bien disant,
Œil tu serois vn bel astre luisant,
Main vn beau lis, poil vn beau ret de soye.

23.

Sonnet XVIII.

Vne beauté de quinze ans enfantine,
Vn or frisé de maint crespe anelet,
Vn front de rose, vn teint domoiselet,
Vn ris qui l'ame aux Astres achemine.
Vne vertu de telle beauté digne,
 Un col de neige, une gorge de lait,
Un cœur ia meur en un sein verdelet.
En Dame humaine une beauté diuine.

. . . .
. . . .

24.

LE MÊME.

Sonnet XLI.

Quand, au matin, ma Déesse s'habille,
D'vn riche or crespe ombrageant ses talons,
Et les filets de ses beaux cheueux blons
En cent façons en-onde et en-tortille :

Je l'accompare à l'écumière fille [1],
Qui or' peignant les siens brunement lons;
Or' les frisant en mille crespillons,
Passoit la mer portée en sa coquille.

De femme humaine encore ne sont pas,
Son ris, son front, ses gestes ne ses pas,
Ne de ses yeux l'vne et l'autre estincelle.

---

[1] Vénus Aphrodite, Ἀφροδίτη, c'est-à-dire *écumière*, née de l'é-
cume, puisque ἀφρός signifie *écume*.

Rocs, eaux, ne bois ne logent point en eux
Nymphe qui ait si follastres cheueux,
Ny l'œil si beau, ny la bouche si belle.

25.

Sonnet XLII.

Avec les lis les œillets mesliez
N'égalent point la pourpre de sa face.
Ny l'or filé ses cheueux ne surpasse
Ores tressez et ores desliez.

. . . .

26.

REMY BELLEAU,

dans sa longue paraphrase du *Cantique des Cantiques,*
revient à tout instant, en dépit du *Nigra sum sed for-*
mosa, sur les cheveux blonds de l'Épouse.

C'est ce poil frisé qui flottant se replie
Autour de ce beau col qui tient serue ma vie.

. . . .

Ton cheueu crespe et long en tresses blondissantes
Ressemble au poil frisé de ces cheures paissantes.

. . . .

Sous les flocons dorez de ton poil esgaré
Se montre tout ainsi que le teint des grenades
Le vermeil délicat de tes joues mignardes.

. . . .

27.

PONTUS DE TYARD

SEIGNEUR DE BISSY.

Les Erreurs amoureuses. (Lyon, J. de Tournes, 1555, in-8.)

De ses cheueus si blondement dorez
Qu'ils pourroient rendre un soleil obscurci,
Amour laça les retz dont le souci
Tient mes pensers estroittement serrez.

Puis de ses yeux couuerts et dorez
D'un sourcil double en hebene noirci
Dont fit son arc d'yuoire raccourci,
Tira des trets mortellement ferrez.

Lors il tendit ses retz droit au passage
Où mes deux yeux pour voir son cler visage
Me contraingnoient cent fois le jour courir;

Puis enfonçant son arc, il descocha
Tant de ses tretz sur moy, qu'il se facha
De plus m'occire et moy de plus mourir.

28.

LE MÊME.

Lorsque ie vis ces cheueux d'or dorer
Tant gentement cette vermeille glace
Et de ces yeus les traits de bonne grace
Puis çà puis la gayement s'esgarer;

Lorsque ie vis un sourire colorer
Et de douceur et de pitié sa face,
Qui en leur beau toutes beautez efface,
Je la cuiday au soleil comparer.

Du chef, ymage à la beauté diuine
L'or blond filé par main non imitable
Est aux cheueus du beau Phebus semblable,
Quand du Toreau ce monde il illumine.

29.

OLIVIER DE MAGNY,

dans ses *Souspirs*. (Paris, Jean Dallier, 1557, in-8.)

Sonnet 35.

Ce beau poil est le retz auquel je fu surpris,
Ce regard attrayant est le trait qui m'entame.
Ce beau sourcil est l'arc, et l'œil brun de ma dame
Est cil qui m'a feru, non l'enfant de Cypris.
Dans si belle prison je nourris mes esprits,
Je nourris la blesseure au profond de mon âme,
Et captif et nauré, je n'adore ou reclame
Que l'œil qui m'a blessé et le poil qui m'a pris.

L'or de ces beaux cheueux cil des rudes surmonte :
Les raiz de ce bel œil font obscurcir de honte
Les rayons du soleil quand plus cler il reluyt.
Heureux donc qui captif dans ce beau poil demeure
Feru de l'œil qui peut faire un iour d'une nuict,
Mais plus heureux encor s'il conuient qu'il y meure.

3o.

DU MÊME.

Sonnet 47.

Ces beaux cheueux dorez, ce beau front spacieux...

31.

LE MÊME.

Amours d'Olivier de Magny, Quercinois. (Lyon, Benoist Rigaud, 1571, in-16.)

Je trouue en vous toutes beautez, ma Dame :
Beau front, beaux yeux, de deux arcs couronez
Soubs deux rubis de lis environnez,
Ces belles dens qui tenaillent mon ame.

Le sein sans per, dont l'Archerot m'entame
Dix doigtz marbrins de perles atournez,
Et mile œilletz avec l'Aurore nez
En vostre teinct le motif de ma flame.

Cent mile filz de soye belle et riche
Qui vostre chef dorent de main non chiche,
Et mille rays qui sortent de voz yeux ;

Mile doux motz de nature immortelle,
Tous ces beaux poinctz vous portez en tous lieux.
Mais en mon cueur ie vous porte plus belle.

Du plus fin or qui fut onques bruny
Ces longs cheueux furent ainsi dorez,
De la blancheur des beaux lys colorez,
Ce teint vermeil fut promptement muny.

Du plus parfait au plus louable uny,
Qui soit au ciel ces esprits decorez,
De la clarté des astres honorez
De ces deux yeux l'vn et l'autre garny.

D'vn beau rubis, de perles cristallines
Furent ces dens et leures coralines,
D'yuoire exquis ses mains pleines de roses.

Et ce cueur d'où ? d'vn riche diamant
Qui m'esblouyt, et fait en vn moment
De moy dolent mille metamorphoses.

32.

Dans l'*Amalthée* du charmant poëte savoisien

MARC CLAUDE DE BUTTET,

imprimée en 1561, à Paris, in-8, se trouve le passage
suivant :

Sonnet.

Du ciel là-bas les Graces descendues
D'vn beau chef d'or crespe et long estendu
Firent un ret, qu'Amour puis m'a tendu,
Ou amorcé i'ai mes forces perdues.

Là les raïons des beautez respandues
M'emblant l'esprit hors de moy m'ont rendu,
Quand vn bel œil par le mien descendu
Fonça mon cueur de cent flesches pointues.

En cet assaut taschant de me sauuer,
Si doucement je me vi captiuer
Aux chaisnons d'or des rets où ie demeure.

Que bon gré moy en ma peine arresté
Cette prison m'est douce liberté,
Bien que par elle incessammant ie meure !

33.

AMADIS JAMYN,

dans ses *OEuvres poétiques* (Paris, Mamert-Patisson,
1579, in-12), fait souvent l'éloge des cheveux blonds
dans une élégie à une dame qu'il s'avise d'aimer.

Cent et cent fois le iour en mon esprit repasse
La première rencontre où ie perdy l'audace,

> Quand peu me deffiant, ie te veis sur les bords
> De Loire au large cours; l'ornement de ton corps
> Ton pié, ta belle greue, et tout ce qui s'honore
> De toucher à ton corps, me reviennent encore :
> Mais bien plus tes cheueux qui d'un or nompareil
> Surmontent la blondeur des rayons du soleil,
> Tant ils sont blonds dorez....

Dans ses *Amours d'Oriane :*

> Ces beaux cheueux qui me tiennent lié
> Estoient serrez d'un ret à claire voye
> Et surmontoient du scoffion la soye
> Tant leur fil blond est prime et délié....

Dans ses *Amours de Callirée :*

> Quand Nature voulut son beau chef-d'œuvre faire
> Elle fit Callirée et des célestes feux
> Tirant l'or, en tressa ses blondoyants cheueux,...

Dans ses *Amours d'Artemis :*

> O beaux cheueux, liens de ma franchise
> Qui meritez d'accroistre dans les cieux,
> De sept flambeaux les astres radieux
> Mieux que le chef qu'Égypte fauorise....

Et ce sonnet charmant :

> Ces cheueux crespelus, doux liens de mon âme,
> Que j'aime d'autant plus que mon plus grand malheur
> Vient de trop regarder le blond de leur couleur,
> Desnouez, me cachoyent le beau sein de ma dame.
>
> Lors mon cœur s'envola dans cette blonde trame,
> Sautant comme l'oyseau sous l'ombreuse verdeur
> De branche en branche saute au gré de son ardeur,
> Et maintenant en vain vers moy je le réclame.

Deux mains incontinent outre mesure belles
Resserrerent les flots de leurs blondes cautelles
Et serrerent dedans mon cœur enueloppé.

Je criay, mais mon sang qui se gele de crainte
Feit estouffer ma voix sous l'estomac contrainte,
Tandis il fut lié et n'en est eschappé.

34.

AGRIPPA D'AUBIGNÉ.

ODE

Tirée d'un volume de poésies inédites appartenant à
M. Charles Read et contenant, entre autres, le *Prin-*
temps, ou poëme de la jeunesse de d'Aubigné et de son
amour pour Diane Salviati, fille du sieur de Talcy
(1571), dont il fait mention dans ses *Mémoires,* éd.
1854, p. 22. De cette poésie il résulte qu'elle était
blonde.

O bienheureux soupirs,
Si de ses yeux vous tirez recompense !
Si ma vie est la fin de mes desirs
Je triomphe en mourant et gagne par constance
Le laurier des martyrs.

Soit que ce soit, je veux
De la douteuse mort d'un cruel labyrinthe
Sortir, guidé du fil de ses cheueux ;
S'il faut que pour aimer mon âme soit esteinte
Qu'encor ce soit par eux !

Blonds cheueux desliez,
J'offre sur vostre autel mon cœur et ma franchise,
Tout mon espoir et mes deux pieds liez,
Le choix de viure encore ou la mort que je prise,
Et mes deux bras ployez.

Pour Dieu, mort ou secours !
Bien heureux si je meurs, bienheureux si j'ai grâce !
Heureuse fin des malheurs et des jours !
Vivant je soye aimé, ou qu'en aimant j'efface
Ma vie et mes amours !

35.

JEAN DE BOYSSIÈRES,

MONTFERRANDIN,

dans ses *Premières œuvres amoureuses,* à Monsieur, duc d'Anjou, fils de France et frère unique du roy (Paris, Cl. de Montreuil, 1578, in-16), il est souvent question des cheveux de sa dame, qui étaient blonds, bien entendu.

Mais, las ! tes beaux cheueux, ô ma douce rebelle,
Longs, crespus, refrisez du doux vent zephirin,
Ont couué dedans moy un si ardant venin,
Qu'ores tout espanché furieux m'esservelle.

Ton front large et haussé te decore si belle,
Et ton beau sourcil blond, en croissant dianin,
Ton petit nez traitif, pourtraict, est si diuin
Que de plus en plus fort mon ardeur renouuelle...

36.

PIERRE LE LOYER

SIEUR DE LA BROSSE, ANGEVIN.

Erotopegnie, ou Passetemps d'amour. (Paris, Abel l'Angelier, 1576, in-8.)

Du grec Χρυσῆς εἰρύσσας, etc.

Nagueres celle là dont mon cœur est espris
Couppant du chef un poil qui à l'or fin ressemble

M'enlie les deux mains estroictement ensemble
Comme on faict aux captifs qu'en la guerre on a pris.

Cela voyant, Dufaux, j'esclate tout en ris,
Car, tant ie fus trompé, du premier il me semble
Que le fresle lien dont mes mains elle assemble
Je tromprois plus soudain que n'aurois entrepris.

Mais, helas! n'ayant peu le rompre en quelque sorte,
Je pleure ores ma vie et le mal que ie porte,
Estant estraint plus fort que d'vn lien d'arain.

Et suis, pauure chetif, comme d'une fisselle
Entrainé par le poil de ma dame rebelle
Et il me faut aller où me tire sa main.

37.

Dans la *Muse folastre* (Lyon, Barthélemy Ancelin,
in-12, p. 51 du Iᵉʳ livre).

L'AMOUR MERCENAIRE.

Jadis Amour pour maistresse
Choisit madame Richesse
Ayant les pasles couleurs,
Et iura, dès l'heure mesme,
Qu'à iamais il seroit blesme
Et l'amour plein de pasleur.
. . . .
. . . .

Depuis, il apprit Ia cure
De iaunir sa cheuelure,
Son arc, son aisle et ses traicts;
Mesme Venus l'adorée
Fut de l'or enamourée
Changeant à l'or ses attraicts [1].

---

1. Preuve nouvelle de l'*Arte blondeggiante*.

38.

Dans la même *Muse folastre* (même livre), lisez les
Estrennes du poil, stances.

Or cherchant à part moy quelque chose excellente
Propre à nous estrener, ie n'ay rien rencontré
Plus digne d'estre offert que ce beau poil doré :
Permettez que mon vers sa louange vous chante.
Vous surtout qui prisez vne chose iolie,
Si vous voulez sçauoir que ce don est poly
Tournez le mot de *poil*, vous trouuerez poly.
Et qu'est-il plus ioly qu'vne chose polie ?
Ce grand dieu Jupiter, qui pour sa prouidence,
L'âme de l'uniuers est nommé de Platon,
Fut iadis appelé le Barbu (ce dit-on)
Pour monstrer sa grandeur, sa vertu, sa puissance.
Apollon, dont les rais esclairent tout le monde,
Ce dieu qui dans le ciel conduisant son beau cours,
Donne vie à nostre ame et le iour à nos iours,
Est surtout renommé par sa perruque blonde.
Et vous dont les soleils donnent l'ame à nostre ame,
Et les iours à nos iours ; vous, dont le poil doré
Par dessus Apollon merite estre adoré,
Vous qui bruslez nos cœurs d'vne si douce flamme,
Que i'aime vostre poil, ô ma belle Cyprine,
Que i'aime ces liens et vos gentils cheueux !
Amour, pour m'enlasser, s'est voulu seruir d'eux,
Comme Dieu qu'il estoit, d'une chose diuine !

39.

Même *Muse folastre*. Il s'y trouve une charmante
pièce intitulée de l'*Amour, invocation du poëte*.

Par ces blonds cheueux espars,
Dont l'or fin, de toutes parts,
Folastrement s'escarmouche
Autour de sa belle bouche.

40.

Même recueil, IIIe livre, se voit une jolie chanson, célébrant une beauté à sourcils noirs et cheveux blonds.

> Toutes fois auprès du bien,
>> Ce n'est rien
> Qu'en vous ma belle on esprouve ;
> Car si contempler je veux
>> Vos cheueux,
> Du plus fin or ie les trouve.
>
> Alors que vos deux sourcils
>> Beaux, gentils,
> Je voy deux voutes d'ébeine,
> Et alors que vos deux yeux
>> Gracieux,
> Une lumiere sereine.

41.

Dans le *Désert des Muses, ou Délices de la poésie galante,* par P. M. D. G. (Paris, Pierre Lamy, au Palais, au Grand César, sans date, in-12, à la Sphère), qui n'est qu'un extrait du *Banquet des Muses,* de JEAN AUVRAY, dans la pièce intitulée : *Fringalet.*

> Je voy une ieune deesse
> Qui laissoit flotter de sa tresse
> Des petits frangeons d'or espars,
> Qui secouez de toutes parts
> Du vent qui follastre s'en ioue,
> Ombrageoient les lys de sa ioue.

42.

Dans les *Muses gaillardes, recueillies des plus beaux esprits de ce temps* (Paris, Ant. du Brueil,

1609, in-12), recueil célèbre des *Gaillardises* de RONSARD, non imprimées encore, on voit la comparaison de la grassette et de la maigrette. Le poëte nous montre d'abord la première arrosant des fleurs :

Quelque beau boutin rosin,
Près d'un ruisselet voisin,
Que soigneuse elle baignotte
D'une ondelette mignotte,
Pour en faire un chapellet
A son beau chef crespelet.

L'autre maigre pucellette,
A voir n'est pas si bellette ;
Elle a les yeux verdelets
Et les tetins maigrelets ;
Son flanc, sa cuisse, sa hanche
N'ont pas la neige si blanche
Comme à l'autre, et si ondez
Ne sont ses cheueux blondez.

43.

Même recueil. *Contre une vieille courtisane :*

Elle n'a plus ses blonds cheveux
Où l'on voyoit en mille nœuds
Les ames soudain prisonnieres ;
Car son vieil poil rude et blanchard
Ressemble à ce fil de Richard
De quoy l'on fait des sourrissieres.

44.

Même recueil : *Fantaisie* sur une toute petite femme.

Sur sa folle petite teste,
Sa houppe, du poix d'un escu,
Branloit comme la rouge creste
D'un cocq au combat sur le cu.

45.

SALUSTE DU BARTAS,

le plus pédant des poëtes ronsardisants, aurait fait
son Ève blonde, dans la *première semaine* de la Créa-
tion, s'il eût songé à nous donner un portrait de la première femme ; mais, dans son poëme de *Judith*, il n'oublie pas les cheveux blonds de cette héroïne, qui se
disait tout bas, en comparant la mort d'Holopherne :

> Fay, fay donc, ô bon Dieu ! que ses charmez esprits
> Dans les tours annelez de mes cheueux soient pris.

Voici quelques traits de la Dame :

> Le musc et l'ambre gris, par quel lieu qu'elle passe,
> Laissent d'elle longtemps une odorante trace ;
> Sur son front de crystal une escarboucle luict,
> Qui fait par ses rayons luire l'obscure nuict ;
> Un crespe à fil d'argent agencé sur sa teste,
> Meu d'un zephire doux sur l'espaule volete,
> L'or lie ses poils d'or....

Et quand elle arrive dans le camp d'Holopherne :

> De ses ondez cheueux les vns esparpillez
> Voloyent d'un art sauiart, les autres crespillez
> En mile et mile aneaux donnoyent beaucoup de grace
> A son front plus poly qu'vne piece de glace.
> D'ebene precieux deux arceaux deliez
> Sur deux astres brillants sont dextrement pliez
> Sur deux yeux noirelets...

Elle avait donc des sourcils noirs avec des cheveux
blonds.

46.

FLAMINIO DE BIRAGUE

dans ses *Premières œuvres poétiques* (Paris , Th. Perier, 1585, in-12), dit plus d'une fois que les cheveux blonds de sa maîtresse ont causé son amour pour elle.

Fol. 3.

Un poil blond enlacé de perles à l'entour,
Poil des cœurs plus felons l'indissoluble cheine,
Un beau front albastrin qui les yeux rassereine,
Un œil où Cupidon a choisi son séjour...

Fol. 17.

O deliez, blonds et crespes cheueux!
O front de marbre! ô gorgette yuoirine!...

Fol. 25.

Hé! voy-je pas bien l'honneur.
    Tout mon heur,
De ton large front d'yuoire!
'Tes mains de lait, et encor
    Ton poil d'or,
Le trophée de ma gloire!

47.

GUY DE TOURS

dans ses *Premières œuvres poétiques et soupirs amou-reux* (Paris, Nic. de Louvain, 1598, in-12). Ce poëte

fait en sonnets le *Portrait de son Ense*, qui était brune,
par rare exception.

AUX CHEVEUX.

De quel pinceau subtil et delié,
Peindroy-je bien cette tresse de soye,
Ce beau dedale où mon ame fourvoye.
Et où mon cœur est doucement lié :

Je peindrois bien, de ce Dieu, supplié,
Des Thymbriens, la tresse qui ondoye
A floccons d'or, et le poil qui flamboye
Dedans le ciel du Lion allié ;

Je peindrois bien toutes les autres tresses,
Qui sont au chef des plus belles deesses,
Mais je ne sçay si je pourtrairay bien

Celle qu'au front de ma nymphe jolie
Se courbe en arc, tant ell' est embellie
De ne sçay quel inimitable bien.

AUX MESMES.

Cheveux frizez en mille crespillons
Et mignotez d'une tant bonne grace,
Qu'Amour n'a point une plus belle nasse,
Ny les zephyrs plus beaux eventillons :

Ainsi qu'on voit les cornus papillons
Voler joyeux sur quelque verde place,
Ainsi ce dieu, d'une joyeuse face,
Vole dessus vos crespes tortillons.

O beaux cheveux, ô perruque menue,
Où est mon ame en prison detenue
Et mille cœurs attachez et liez !

> Si vous voulez que par toute la terre
> On vous louange, au son de ma guiterre,
> Encordez-la de vos brins deliez.

La perruque est brune, et c'est la seule (si ici perruque veut dire autre chose que chevelure) que nous ayons rencontrée parmi les poëtes du xvi⁰ siècle.

48.

Qui ne connaît l'espèce d'assaut poétique qui donna l'immortalité à la PUCE DE MADEMOISELLE DES ROCHES, auquel prirent part les plus illustres magistrats et rimeurs du temps? Il paraît que cette puce audacieuse était venue de ses cheveux blonds sur sa gorge, et que c'est en ce lieu là qu'elle mit la puce à l'oreille de tout le Parnasse. LOMMEAU, de Saumur, qui disserta sur ce grave sujet, le dit expressément :

> Elle se musse dans ses cheveux
> Frisez, retors de mille neus;
> De ses cheveux elle sautelle
> Sur son sein vermeil qui pommelle.

Quelle était la couleur de ces cheveux? Cl. Binet l'a dit en vers latins, traduits, comme on le va voir, par François de la Couldroye :

> Ha! mon Dieu! le teint de sa joue
> Et la tresse d'or qui se joue
> Sur son sein en flots ondoyans,
> Et ses yeux, deux flammes jumelles,
> Me font prendre dans leurs cordelles
> Et ardre en leurs rais flamboyans.

Voy ses cheveux que l'Arabie
Ny le baume de l'Assyrie
N'égalent en bonnes odeurs,
Cheveux dont Venus la dorée
Voudroit sa teste estre honorée,
Et non des primeraines fleurs.

O beaux filets d'or de Minerve,
Mon ame se plaist d'estre serve
De vos nœuds mignardement tors :
Et luy plaist bien d'estre contrainte,
Par vous, d'une si douce estrainte,
Quittant la prison de son corps !

49.

FRANÇOIS DE LOUVENCOURT

SEIGNEUR DE VAUCHELLES.

Dans les *Amours et premières œuvres poétiques*, dédiés à très-illustre, belle et vertueuse Princesse Mademoiselle Longueville Catherine d'Orléans (Paris , G. Drobet, 1595, in-12), le poëte, amoureux de son Aurore, en chante ainsi les cheveux blonds :

Sont-ce cheveux dont vostre chef blondoye
Entrefrisés de mille et mille nœuds ?
Ou bien des rets simplement cauteleux
Pour attraper ma raison pour leur proie ?

Non, c'est plustost une forest de soye,
Où le plaisir, où le ris doucereux,
Et la faveur si joliment verdoye,
Que Cupidon en est mesme amoureux.

Mais non plustost ce sont des rets, pour prendre
Mon jeune cœur en son aage plus tendre;
Ou bien, si c'est une forest d'amour,

Saincte Beauté que j'adore dans l'ame,
Faictes pour moy que son ombrage un jour
Puisse servir de fraischeur à ma flamme?

5o.

JEAN PASSERAT.

OEuvres poétiques (Paris, Morel, 1606, in-8, p. 205).

SUR UN MOINEAU.

Heureux petit moineau, qui d'un bec irrité
Pinces les doigts rosés de ma douce cruelle,
Pussé-je ainsi que toy me jouer avec elle,
Sentant en mes malheurs quelque félicité ?

Tu voles çà et là en pleine liberté,
Et puis, quand il te plaist, pliant l'une et l'autre aisle,
Tu te viens reposer sur le chef de la belle
T'empestrant au fil d'or où je suis enreté.

Pour estancher ta soif, repu de quelque mouche,
Tu sucotes le miel de sa vermeille bouche.
Ha, moineau, que je suis de ton aise envieux !

Quand de ton bec crochu la piquant, tu la baises,
J'aimeroy mieux sentir le moindre de tes aises,
Que boire du nectar à la table des dieux.

5 1.

LE FAMEUX CAPITAINE MARC DE PAPILLON
SEIGNEUR DE LASPHRISE,

Dans ses *Premières œuvres* (Paris, Jean Gesselin, 1609,
in-2, p. 1305), fait le portrait fort détaillé, en cent vers,

de toutes les merveilles de la femme qu'il désire, sous
le titre de la *Delice d'amour*.

> Elle aura, sur son chef, sejour de la raison,
> Un riche poil luisant, pretieuse toison,
> Tresse qui librement volera blondoïante,
> D'un or esparpillé, long, espais, crespelu,
> Frisotté, deslié, hanelé, houpelu,
> Vagabondant tousjours en onde flot-flottante.
>
> Rien que sur son sourcyl noir ne se verra,
> Qui comme un fil de soye en arc apparoistra,
> Pour donner lustre au teinct de sa face albastrine. ...

52.

Dans les *OEuvres poétiques* de Bernier de la
Brousse (Poictiers, J. Thoreau, 1618, in-12), aux sonnets des *Amours de Thisbée*, 67 :

> Bien qu'un si sainct amour estroitement nous lie,
> Sans pouvoir eschapper son doux nœud gordien,
> Si veux-je, s'il vous plaist, mon bel œil cyprien,
> Pour plus grande seurté, ceste tresse jolie.
>
> O belle tresse d'or, de ma gloire ennoblie,
> Plus digne d'estre au ciel que le chef memphien,
> Comment tu me ravis, comment tu me fais tien,
> Sans trouver qui resiste à ta force polie !
>
> Se peut-il? Las ! nenny; car, si mon triste cœur
> S'en vouloit deslier, ma plus sincere humeur
> Ne souffriroit jamais une si grande offense.
>
> Car je trouve si doux le nœu de ces cheveux,
> Les traicts si gracieux de cest œil amoureux,
> Qu'en l'horreur du cercueil j'en aurai connoissance.

53.

BERTAUT,

Évêque de Séez, abbé d'Aulnay, premier aumônier de la Reine Marie de Médicis, ne se privait pas du plaisir d'admirer et de chanter les cheveux blonds.

Dans son *Recueil de quelques vers amoureux* (Paris, Toussaint Du Bray, 1620, in-8), publié par son frère, voici comment il se déclare amoureux d'une blonde :

> Regardant de son poil flotter les riches ondes,
> Je pense aux fleuves d'or que la Grèce a chantez
> Et ne demande plus, voyant les tresses blondes,
> En quelles rets Amour prend tant de libertez.

Voici comment il chante la chevelure de la dame :

> O beaux cheveux, dont la blondeur égale
> Celle du lin meslé de filets d'or,
> O douce chaisne à mon ame fatale,
> Et de l'amour le plus rare thresor !
> Si tout lien vous estoit comparable,
> Qui vivroit libre il vivroit miserable.
>
> Comme jadis la puissance invincible
> D'un grand heros, en un poil, consistoit,
> Qui luy rendant l'impossible possible,
> Les forts lyons à ses pieds abbatoit,
> Ainsi l'Amour tient de vous la puissance,
> Qui des plus fiers luy soumet l'arrogance.
>
> O beaux cheveux! mille ames amoureuses,
> Que sans pitié captives vous tenez,
> En leur prison, se tiendroient bienheureuses,
> Voyant leurs bras de vos nœuds enchainez,
> Et plus leurs mains s'en trouveroient chargées
> Plus leurs douleurs s'en verroient allegées.

54.

MALHERBE.

Épigramme imitée de la quarantième du sixième livre
de Martial (1619).

> Jeanne, tandis que tu fus belle,
> Tu le fus sans comparaison;
> Anne, à cette heure, est de saison,
> Et ne vois rien si beau comme elle.
> Je sais que les ans lui mettront
> Comme à toi les rides au front,
> Et feront à sa tresse blonde
> Même outrage qu'à tes cheveux;
> Mais voilà comme va le monde :
> Je te voulus, et je la veux.

55.

ANONYME,

Pièce tirée du manuscrit déjà cité, acquis par
M. Charles Read, à la vente de M. Monmerqué, et
d'où a été extraite l'ode inédite d'Agrippa d'Aubigné.
La pièce qui suit paraît avoir été adresséeà Louis XIII.

> . . . .
> Sire, rien ne vous sert, Diane ni ses artz,
> Qu'Amour ne vous enrosle au rang de ses soldatz,
> Et, suivant en son camp le chemin qu'il enseigne,
> Ne vous fasse porter devant tous son enseigne ;
> Soudain d'un beau désir le cœur vous anima,
> En vos veines le souffre amoureux alluma;
> Soudain vous deroula la honte de jeunesse,
> Vous apprit ces beaux mots d'*aimer* et de *maistresse;*
> Vous apprit à la fois à rougir et blesmir,
> Passer les jours en pleurs et les nuits sans dormir.
> Aussy, pour récompense, il vous donne une dame,

Dont le corps si parfaict sert de tesmoin que l'âme
Est parfaicte et divine, ayant aux plus hauts cieux
Prise son origine entre les plus beaux Dieux.
L'honneur, comme un soleil, son beau front environne,
Et toutes les vertus lui servent de couronne.
Les astres de ses yeux, les roses de son teint,
Ses cheveux, faits de rais, dont tout paroist esteint,
L'ivoire de ses mains, sa bouche toute pleine
De perles, de rubis, et d'une douce haleine,
De sa beauté tout seul ne vous font désireux :
Tout homme est un rocher, s'il n'en est amoureux !

. . . .

O germe de Vénus, enfant Idalien,
Soit que tu sois des dieux le dieu le plus ancien,
Que le ciel soit ton père, et la mer ta nourrice,
Que tu sois citoyen d'Amathonte et d'Hérice,
Viens demourer en France, et soulage l'ardeur
D'un grand prince qui vit sujet de ta grandeur !

ANTISTROPHE

Probablement adressée à Anne d'Autriche. (*Même
manuscrit que la précédente pièce.*)

Le beaux yeux, qui font un beau jour,
Le poil blond où tout cœur s'enlace,
Les doux ris, nourrissons d'amour.
Le port, le parler et la grâce,
Les feux, les nœuds, les fers, les traicts,
Les jeux, les amours, les délices,
Les lacs, les charmes, les attraicts,
Les mignardises, les blandices,
Et les plus belles nouveautés,
Dont Venus pare ses beautés,
Avec elle prirent naissance
Et croissent par son accroissance.

56.

A la fin du règne de Louis XIV, les cheveux blonds n'étaient plus de mode, et même les poëtes en faisaient la satire. Ainsi, dans les *Épigrammes, madrigaux et chansons,* par LEBRUN (Paris, Nic. Le Breton, 1704, in-8), on trouve la pièce suivante :

POUR CLARICE COMPARÉE AU SOLEIL.

On compare au soleil Clarice :
Est-ce parce que ses cheveux
Sont de couleur de pain d'épice,
Et que, depuis un mois ou deux,
La pauvre fille a la jaunisse ?

57.

Dans les *Épigrammes et autres pièces* de M. DE SENECÉ (Paris, Giffart, 1717, in-8), on lit :

LA BELLE EN DEUIL.

Dans une fête de la cour,
En lugubres atours vint la blonde Caliste.
Enquise sur son deuil, la belle d'un son triste
Répondit que sa mère avoit perdu le jour.
     Acanthe, qui n'est pas trop sage,
Dit tout bas à Damis, de son air enjoué :
     « C'est moins aux mânes qu'au ménage,
     Que cet habit noir est voué
     — Vous pourriez parler d'autre sorte,
Lui répliqua Damis. Messieurs les courtisans,
     Vous n'êtes que des médisans :
Je connois sa maison : sa mère est si bien morte,
     Qu'elle est morte depuis dix ans.

58.

ALFRED DE MUSSET.

BALLADE A LA LUNE.

C'était, dans la nuit brune,
Sur le clocher jauni,
    La Lune,
Comme un point sur un I.

Lune, quel esprit sombre
Promène au bout d'un fil,
    Dans l'ombre
Ta face et ton profil?

. . . .

Va, lune moribonde,
Le beau corps de Phœbé
    La blonde
Dans la mer est tombé.

Tu n'en es que la face ;
Et déjà tout ridé,
    S'efface
Ton front dépossédé.

Rends-nous la chasseresse,
Blanche, au sein virginal,
    Qui presse
Quelque cerf matinal !

Oh! sous le vert platane,
Sous les frais coudriers,
    Diane
Et ses grands lévriers.

. . . .

59.

LE MÊME.

MIMI PINSON.

Mimi Pinson est une blonde,
Une blonde que l'on connaît.
Elle n'a qu'une robe au monde,
    Landerirette !
      Et qu'un bonnet.
Le Grand Turc en a davantage.
Dieu voulut de cette façon,
    La rendre sage :
On ne peut pas la mettre en gage,
La robe de Mimi Pinson.

Mimi Pinson porte une rose,
Une rose blanche au côté.
Cette fleur dans son cœur éclose,
    Landerirette !
      C'est la gaîté.
Quand un bon souper la réveille
Elle fait sortir la chanson
    De la bouteille ;
Parfois il penche sur l'oreille
Le bonnet de Mimi Pinson.

. . . .
. . . .

D'un gros bouquet de fleurs d'orange
Si l'Amour veut la couronner,
Elle a quelque chose en échange,
    Landerirette !
      A lui donner.
Ce n'est pas, on se l'imagine,
Un manteau sur un écusson
    Fourré d'hermine ;
C'est l'étui d'une perle fine,
La robe de Mimi Pinson.

. . . .

60.

LE MÊME.

ADIEUX A SUZON.

Adieu, Suzon, ma rose blonde,
Qui m'as aimé pendant huit jours ;
Les plus courts plaisirs de ce monde
Souvent font les meilleurs amours.
Sais-je, au moment où je te quitte,
Où m'entraîne mon astre errant ?
Je m'en vais pourtant, ma petite,
  Bien loin, bien vite,
  Toujours courant.

. . . .

61.

LE MÊME.

CHANSON DE FORTUNIO.

Si vous croyez que je vais dire
  Qui j'ose aimer,
Je ne saurais pour un empire
  Vous la nommer.

Nous allons chanter à la ronde,
  Si vous voulez,
Que je l'adore et qu'elle est blonde
  Comme les blés.

Je fais ce que sa fantaisie
  Veut m'ordonner,
Et je puis, s'il lui faut ma vie,
  La lui donner.

Du mal qu'une amour ignorée
Nous fait souffrir,
J'en porte l'âme déchirée
Jusqu'à mourir.

Mais j'aime trop pour que je die
Qui j'ose aimer.
Et je veux mourir pour ma mie
Sans la nommer.

62.

LE MÊME.

Stances à une jeune Blonde anglaise, sur son costume de Pompadour.

Voltaire, ombre auguste et suprême !
Rois des madrigaux à la crème,
Du vermillon et des paniers !
Assis au pied de sa statue,
Je me disais : Qu'est devenue
Cette perruque à trois lauriers ?

O Corisandres ! me disais-je,
Mouches que, sur un sein de neige,
L'abbé posait du bout du doigt !
Bonnes marquises, nos aïeules,
Qui, sans être par trop bégueules,
Rendiez à Dieu ce qu'on lui doit !

Et vous, héros frappés du foudre,
Hélas ! — Et deux règnes de poudre,
En un demi-siècle effacés !....
Quand, l'autre soir, dans une fête,
Mon regard tout à coup s'arrête
Sur un minois des temps passés !

Mais ce n'était point, ô Voltaire !
Une mouche de douairière
Qui ravive un œil défaillant ;
C'était la plus discrète mouche
Qui pût effleurer une bouche
Plus rose que le lis n'est blanc :

Fine mouche, comme on peut croire,
Qui, pour poser son aile noire,
Entre les roses du jardin,
Avait choisi, comme l'abeille,
La plus fraîche et la plus vermeille
De toutes celles du matin.

Reste donc, mouche bienheureuse,
Si cette abeille voyageuse,
Qui volant, jadis, nous dit-on,
Entre les bosquets de la Grèce,
Vint chatouiller la lèvre épaisse
Du grand philosophe Platon,

Eût trouvé, dans l'ombre mi-close,
Cette fleur aux feuilles de rose,
Qu'eût-elle fait que s'arrêter
Sur cette perle d'Angleterre,
Lèvres que le ciel n'a pu faire
Que pour sourire ou pour chanter ?

63.

SAINTE-BEUVE.

Sonnet.

Enfant, je m'étais dit et souvent répété :
« Jamais, jamais d'amour ; c'est assez de la gloire ;
« En des siècles sans nombre étendons ma mémoire,
« Et semons ici-bas pour l'immortalité. »

Plus tard, je me disais : « Amour et volupté,
« Allez, et gloire aussi ! que m'importe l'histoire ?
« Fantôme au laurier d'or, vierges au cou d'ivoire,
« Je vous fuis pour l'étude et pour l'obscurité. »

Ainsi, jeune orgueilleux, ainsi longtemps, disais-je ;
Mais comme après l'hiver, en nos plaines la neige
Sous le soleil de Mars fond au premier beau jour,

Je te vis, blonde Hélène, et dans ce cœur farouche,
Aux rayons de tes yeux, au souffle de ta bouche,
Aux soupirs de ta voix, tout fondit en amour.

XI

Les Lois somptuaires.

(« Les lois somptuaires, lois périlleuses, et trop tôt désobéies, »
page 67.)

L'ancienne Venise, surtout celle du xvi⁰ siècle, avait ses lois somptuaires; et des magistrats spéciaux préposés aux choses de luxe, et appelés *Provveditori alle pompe*, exerçaient, à une certaine époque, leur mission avec une sévérité inexorable. Tout ce qui se rattachait aux costumes, aux bijoux, aux moyens de locomotion, aux fêtes particulières, en un mot aux manifestations des fantaisies de la richesse ou des semblants de la richesse et des caprices de la mode, relevait de leur domaine. Coiffure et chaussure, barrettes à médailles montées de diamants et autres pierres précieuses; émaux, soies, brocarts, dentelles et guipures; toilettes de masque, anneaux de main, bagues ou *ricordini* d'orteil, broderies d'or et d'argent, ambre et perles; mouchoirs et serviettes ouvrés d'or, manchettes et éventails; couvertures, tentures et tapis de gondoles; chaises à porteurs capitonées de soie ou de velours, tout passait sous la coupe de cette magistrature, et c'était une lutte incessante entre elle et l'ingéniosité de coquetterie des patriciennes, c'était une lutte plus ardente encore contre le luxe provocant des courtisanes. Tandis que les magistrats de la santé, *Provveditori alla sanità*, institués dès le xvᵉ siècle, tâtaient le pouls du public, recueillant scrupuleusement les moindres notions sur la santé générale, et par peur de la peste qui tant de fois avait ravagé le territoire de la République, étudiaient sans relâche les causes de l'invasion et les moyens d'atténuation du terrible fléau, et manifestaient en tout lieu et en toute chose leur vigilance en quelque sorte providentielle ;— tandis que les exécuteurs contre le blasphème, *Esecutori alla bestemmia*, institués en décembre 1537, protégeaient le respect des choses sacrées, sans trop oublier le respect de la liberté de conscience, et grandissant leur domaine, serraient de près l'institution fatale de ces bravi dont chaque famille avait au moins un à sa solde,— les *Provveditori alle pompe* faisaient la guerre aux vanités mondaines, aux excès de la toilette, des ameublements, même aux élégances et recherches de la table. Malheur aux menus de repas, à la vaisselle, aux argenteries, aux friandises de pâtisserie et de confiserie qui dépassaient les bornes des règlements, les amendes en faisaient justice.

De pareilles lois, surannées, que, par la liberté qui court, il serait impossible de rétablir dans les États européens, ont rendu, dans leur temps, à Venise quelques services, en sauvant de l'enivrement de leurs propres excès nombre de familles patriciennes, et surtout en châtiant les insolences du luxe des courtisanes. Mais combien de résistances, combien de récriminations ces lois n'ont-elles pas soulevées alors ! Les femmes n'avaient d'autre étude que de les éluder, quand elles étaient en vigueur; et qu'était-ce le jour où le gouvernement, lors des fêtes données par la République pour la réception solennelle de grands personnages étrangers, se voyait forcé, ainsi que nous l'avons dit plus haut, de suspendre les prohibitions! Alors toutes les vanités de la toilette prenaient leur revanche; alors, pareil à un ressort trop longtemps contenu, le luxe s'élançait éperdument par-dessus les anciennes digues comme un torrent, et balayait en un jour tout le fruit d'une sage contrainte réglementaire. Les femmes avaient amassé en silence pour ces jours de licence plénière. « La maîtresse du logis, femme sur le retour, qui a été fort belle et fort galante, dit le facétieux président de Brosses, dans une de ses lettres sur Venise, exhiba à notre vue toutes ses pierreries, les plus belles peut-être que possède aucun particulier de l'Europe. Elle a quatre garnitures complètes en émeraudes, saphirs, perles et diamants. » Toutes les patriciennes du xvie siècle eussent été en mesure de faire briller, avec plus ou moins de splendeur, une même exhibition; et les courtisanes, chargées des dépouilles du monde entier, se berçaient, pour ainsi parler, dans des rivières de perles. En vain, à la fête de la Senza, la poupée officielle avait prescrit le costume et la coiffure de l'année, le cheveu et le costume s'essayaient en caprices nouveaux pour les années suivantes. Voyez les tableaux du temps, et jugez. Chaque classe avait ses étoffes, ses nuances, ses coupes attitrées; mais comme la coquetterie savait s'ingénier pour relever les ajustements réglementaires!

Les choses nécessaires, c'est-à-dire celles que la nature et certaines règles de décence et d'honnêteté
rendent d'un usage indispensable à toutes les classes
ne suffiront jamais à contenter les classes désœuvrées,
si souvent perverties par une culture trop molle et
trop raffinée, ou bien par une opulence de la veille.
Comment contenir les folles prodigalités de fils de
famille ? Comment arrêter celles des nababs et des
baboos de l'Inde? Comment celles de ces parvenus
qui se font tout à coup à leur gré leur lot dans les biens
de ce monde, le taillent, le dépècent et dévorent jusqu'à ce que, suivant le mot de Pascal, ils s'en saoûlent
et en meurent? Quel frein mettrez-vous à l'emportement de ces voluptueux gouvernés par leurs sens, qui
se vendent à leurs passions et se précipitent tête
baissée sous des jougs équivoques ? Qu'opposer à de
pareils éblouissements? Or, c'était du plus grand au
plus petit :

> Le peuple dit : « Voyez : la belle
> Pense être plus jolie en elle
> Pour ce qu'ainsi elle s'appreste »
> « Oh! se dit l'autre, qu'elle est beste!
> Pour fournir à tel ornement
> Ches elle vit tout povurement[1]. »

Charlemagne, qui se réservait les vêtements de tissus d'or pour les cérémonies de grand apparat, était
d'une simplicité parfaite dans son costume habituel ;
et cet exemple fut suivi par son petit-fils, l'empereur

---

1. *Le Blason des basquines et vertugalles*, déjà cité page 217.

Louis le Germanique. Mais tous deux proscrivaient dans leurs armées les vêtements et ornements d'or, d'argent et de soie, dont se paraient, à cette époque, même les maisons religieuses. Bientôt, le luxe prit le dessus, et la cour de France afficha une somptuosité qui passa jusque dans les camps. En vain, en 1190, Philippe Auguste proscrivit ces excès et prêcha d'exemple, beaucoup cherchèrent à échapper aux prescriptions somptuaires. Sous saint Louis, la différence des conditions entre les Français était marquée par la différence des étoffes, et naturellement chacun tentait de sortir de sa classe. Un passage fort curieux du sire de Joinville, rapportant une discussion qu'il eut, à ce sujet, avec le fameux Robert Sorbon, prouve le fait. Un jour, le docteur reprochait au brave Joinville, en présence du Roi et d'un groupe considérable de chevaliers, d'être mieux vêtu que ce prince lui-même : « Mestre Robert, lui répondit le sénéchal, salve vostre grace, ie ne foiz mie à blasmer se ie me vest de vert et de vair, car c'est abit me lessa mon pere et ma mere ; mès vous faitez à blasmer, car vous estez filz de vilain et de vilaine, et avez lessié l'abit de vostre pere et vostre mere, et estes vestu de plus riche camelin que le Roy n'est. » Là-dessus, prenant le pan de son surcot et de celui du Roi, il ajouta : « Or, esgardez se ie diz voir. »

Les premiers abbés de Cîteaux exclurent l'or et la soie des ornements du culte ; mais la splendeur des ornements d'église sut se dédommager ailleurs.

Philippe le Bel avait aussi lancé des lois somptuaires. A peine avaient-elles vu le jour, que ses propres filles et ses brus donnaient l'exemple de les transgresser.

Au xve siècle, la distinction des classes par le costume, prescrite également par les lois, n'était pas plus
observée ; et sous Charles VII, la prohibition de l'or
et de la soie aux classes bourgeoises était éludée incessamment. Effrayé des folles prodigalités du luxe de
ses sujets, Henri II porta aussi une loi somptuaire qui
ne fut d'abord exécutée qu'à demi, et qui bientôt tomba
en désuétude. Quand elle parut, en 1550, le poëte
Ronsard, dont la plume était toujours taillée pour la
flatterie, s'empressa d'adresser au Roi une ode dont
voici une strophe.

> Le velours trop commun en France,
> Sous toi reprend son vieil honneur,
> Tellement que sa remonstrance
> Nous a fait voir la differance
> Du valet et de son seigneur,
> Et du muguet chargé de soye
> Qui à tes princes s'esgaloit,
> Et riche en drap de soye alloit
> Faisant flamber toute la voye.

Le temps de lire les vers, et la loi était transgressée.

Henry III, sous qui la richesse traditionnelle des
costumes de François Ier, de Henri II, de François II,
n'avait fait que s'accroître, qui portait des costumes de
cinq à six cent mille écus, qui avait dérangé les finances
publiques pour suffire à ses extravagances personnelles
et gorger ses mignons, avait aussi porté des ordonnances
pour contenir certaines modes dispendieuses et réglementer les vertugadins ambitieux (voyez sur tout cela
les *Arrêts d'amour* du malin Estienne Pasquier) :
Henri IV n'était pas monté sur le trône que ces ordonnances, décriées, étaient lettre morte. Mieux avisé, le

narquois Béarnais eut également ses édits somptuaires, mais il y mit de sa malice pour les faire exécuter.

« Nous défendons, dit-il, en l'un d'eux, nous défendons expressément à tous nos sujets, de quelque qualité ou condition qu'ils puissent être, dans tous les lieux et terres de notre obéissance, de porter or ni argent, ni excès d'étoffe sur leurs habits, de quelque manière et sous quelque prétexte que ce soit, excepté cependant aux femmes de joie et aux filoux, en qui nous ne prenons pas assez d'intérêt, pour leur faire l'honneur de donner notre attention à leur conduite. »

Bien que l'édit ne fût exécutoire qu'à un mois de date de sa promulgation, il était exécuté dès le lendemain. Il n'y a guère que sous Tibère que les femmes eussent accepté d'être classées parmi ces sortes de privilégiées.

Au rapport de Diodore de Sicile (XII, 20), Séleucus l'*Illustre*, dans une ordonnance somptuaire qu'il avait promulguée pour corriger les mœurs corrompues des Locriens, avait prescrit : « Que la femme de condition libre ne pourrait mener après elle plus d'une suivante, à moins d'être ivre ; que nul ne pourrait sortir la nuit hors de la ville, ni porter des joyaux d'or sur sa personne, ni robe enrichie de broderie, si elle n'était femme publique ; qu'aucun homme, hormis les ruffiens, n'aurait le droit de porter au doigt des anneaux d'or, ni robe délicate, tels que les draps tissus à Milet. »

Seleucus était digne d'être imité par Henri IV.

Tous les princes n'avaient pas comme Séleucus et Henry IV l'esprit d'intéresser l'amour-propre et la dignité de leurs sujets à l'exécution des lois somp-

tuaires, et nombre d'écrivains protestèrent avec vivacité contre une pareille législation. « La façon de quoy
nos loix essayent à régler les folles et vaines despenses
des tables et vestements, dit Michel de Montaigne,
semble estre contraire à sa fin. Le vray moyen, ce seroit
d'engendrer aux hommes le mespris de l'or et de la
soye, comme des choses vaines et inutiles ; et nous leur
augmentons l'honneur et le prix qui est une bien inepte
façon pour en desgouter les hommes. Car dire ainsi,
qu'il n'y aura que les princes qui mangent du turbot,
et qui puissent porter du velours et de la tresse d'or,
et l'interdire au peuple, qu'est-ce autre chose que
mettre en crédit ces choses-là, et faire croistre l'enuie
à chaccun d'en user? Que les Rois quittent hardiment
ces marques de grandeur : ils en ont assez d'autres ;
telz excez sont plus excusables à tout autre qu'à un
prince [1]. »

Sous Louis XIV, le luxe des seigneurs et des femmes
qualifiées ne connut plus de bornes pour écraser de son
éclat le robin, le bourgeois et le menu peuple. Mais le
maltôtier eut son tour et la femme du plus petit enrichi
dressa autel contre autel sur le velours et sur la soie.

« Le luxe, s'écriait le jurisconsulte dijonnais Pierre
Taisand, continué par Joseph de Ferrière, le luxe est,
ce me semble, au dernier periode où il peut aller. Tout
est dans une si grande confusion qu'aux Tuileries, où
les laquais ne suivent pas leurs maîtresses, on ne distingue pas la femme d'un procureur de celle d'un duc.

---

1. *Essais de* MONTAIGNE, chap, XLIII, *Des Lois somptuaires.*

Il y a cinquante à soixante procureuses à Paris qui ont des habits de velours galonné d'or. Si la Reine et madame la Dauphine vivoient encore, qu'auroient-elles de plus? Louis le Grand, à qui l'Europe ne résiste pas, n'a point le pouvoir de faire exécuter les ordonnances qu'il a tant de fois réitérées sur les habits, et il y a lieu de douter que Sa Majesté en vienne jamais à bout. »

A mesure qu'on avança dans le xviii⁰ siècle, l'ère des libres penseurs, le luxe prit ses franches coudées et se demanda si l'achat des jouissances de la vie n'est pas le plus heureux stimulant et la plus belle récompense du travail; si ce ne serait pas porter atteinte à la société même que de renoncer tout d'une voix au superflu, et se borner au strict nécessaire; si ce ne serait pas, en un mot, étouffer d'un coup et les arts et les sciences et les lettres, tous ces produits de l'intelligence et de l'industrie, tous ces ornements de la civilisation.

« Si l'on entend par luxe tout ce qui est au delà du nécessaire, le luxe est une suite naturelle des progrès de l'espèce humaine, disait Voltaire... On sent, ajoute-t-il, qu'il serait absurde de regarder comme un mal des commodités dont tous les hommes jouiraient. Aussi, ne donne-t-on, en général, le nom de luxe qu'aux superfluités dont un petit nombre d'individus seulement peuvent jouir. Dans ce sens, le luxe est une suite nécessaire de la propriété et d'une grande inégalité entre les fortunes. »

Dès cette époque, les lois somptuaires étaient devenues impossibles en France; et tout prodigue ou vaniteux qui, pour sacrifier au démon du luxe, sortit de sa classe et dépassa ses ressources, ne fut justifiable que du ridicule et de l'opinion. La flagellation du rire public fut la véritable justice somptuaire.

Bientôt Venise marchait du même pas dans la voie de la réforme.

« La loi, dit un rapport des officiers *delle pompe* n'a point pour objet d'établir cette parcimonie qui se convertit si facilement en avarice, mais cette honnête et prudente économie qui, en combattant le superflu, n'a pas pour objet d'enlever le nécessaire à la subsistance des familles. C'est à cela que chacun doit concourir selon sa fortune et sa condition. Or, il importe, pour que les lois soient utiles et efficaces, qu'elles soient raisonnables et modérées; il est indispensable, quand elles le sont comme les nôtres, de les observer, sous peine de porter un grand préjudice aux convenances publiques, ainsi qu'aux entreprises récemment ordonnées à l'avantage et gloire de nos populations. Il n'a jamais été, il ne sera jamais possible de réprimer les changements de la mode, attendu qu'elle est fille du génie si mobile et si varié de toute nation civilisée, et qu'elle subit le sort de toutes les autres révolutions humaines. Si Lycurgue lui même, qui donna les lois à Sparte, vivait aujourd'hui, ne rirait-il pas de l'idée qu'il eut de faire un partage égal des terres, et d'interdire l'usage de la monnaie d'or, dans le but de réprimer le luxe. »

On le voit, autre temps, autres mœurs. Le Provéditeur qui tenait ce prudent langage était un Lycurgue du xviiie siècle, et déjà la marée montante du luxe allait déborder dans cette république de grandeur et de folie.

Les *Mémoires de Goldoni* (1785) donnent sur les singularités de la mode, dans la ville des doges; un passage qui semble écrit d'hier. Après l'éternel lieu commun qui attribue aux modes françaises le privilége de s'imposer au monde entier, soit en décorations, soit en habillements, en parures, en bijouterie, en coiffures, en toute espèce d'agréments, Goldoni ajoute :

« A l'entrée de chaque saison, on voit à Venise, dans la rue de la Mercerie, une poupée que l'on appelle la *Poupée de France*; c'est le prototype auquel les femmes doivent se conformer et toute extravagance est belle d'après cet original. Les femmes vénitiennes n'aiment pas moins le changement que celles de France : les tailleurs, les couturières, les marchandes de modes en profitent, et si la France ne fournit pas assez de modes, les ouvriers de Venise ont l'adresse de donner du changement à la *poupée,* et de faire passer leurs inventions pour des idées transalpines.

« Quand j'ai donné à Venise ma comédie *La Manie de la campagne,* j'ai beaucoup parlé d'un habillement de femme qu'on nommait *Le Mariage;* c'était une robe d'une étoffe tout unie avec une garniture de deux rubans de différentes couleurs, et c'était la *poupée* qui en avait donné le modèle. Je demandai, en arrivant en France, si cette mode existait encore; personne ne la connaissait, elle n'avait jamais existé; on la trouvait même ridicule, et on se moquait de moi.

« J'eus le même désagrément en parlant des robes à la polonaise qu'au moment de mon départ les femmes avaient adoptées en Italie; mais, douze ans après, je vis les *polonaises* à Paris comme une nouveauté charmante.

« Que de changements en très-peu de temps ! des

polonaises, des lévites, des fourreaux, des robes à l'anglaise, des chemises, des pierrots, des robes à la turque et des chapeaux de cent façons, et des coiffures !... des coiffures !

« Cette partie des ajustements des femmes, si essentielle pour relever leurs grâces et leur beauté, était arrivée, il y a quelque temps, au point de sa perfection ; aujourd'hui, j'en demande pardon aux dames, elle est insupportable à mes yeux.

« Ces cheveux chiffonnés, ces toupets qui tombent sur les sourcils, leur donnent des désavantages qu'elles devraient éviter. »

Ici, nulle mention de cet *arte biondeggiante* qui jadis avait occupé tant de place dans la coquetterie vénitienne. Nulle mention non plus de lois somptuaires. La reine déchue des lagunes, reine affolée qui tout à l'heure n'allait plus être qu'un cadavre aux linceuls flottants, courait en dansant vers l'abîme, sans se soucier de ses vieilles lois dont l'ensemble avait fait sa force et sa gloire. Désormais, d'ailleurs, la consigne des règlements somptuaires n'eût été écoutée ni d'elle ni d'aucun peuple.

A coup sûr, l'excès du luxe, c'est-à-dire l'excès dans la jouissance, n'en est pas moins un mal sous plus d'un aspect ; il s'associe inévitablement à la corruption des mœurs et à l'orgueil des fortunes trop facilement acquises. Tous les jours ce mal va s'aggravant. C'est un désordre moral, c'est aussi un désordre en économie sociale, car le luxe excessif ruine les États comme il ruine les particuliers : — les États, en rendant des capitaux improductifs et portant ainsi atteinte à la richesse commune; en énervant les populations et engendrant la misère par l'augmentation de l'inégalité dans les fortunes; — les particuliers, en les désaccoutumant des choses simples et de l'épargne; en excédant leurs ressources en vue d'une consommation qui n'a pour objet la satisfaction d'aucun besoin essentiel. Malheureusement, encore une fois, ce n'est point là une plaie que des réglements soient de force à guérir. Le remède doit venir de haut. L'éducation religieuse et morale, comme aussi l'éducation politique; l'amour du pays, dans l'amour des institutions ; l'amour du travail, la culture des choses les plus élevées de l'intelligence, l'exercice viril des droits du citoyen, l'exemple sévère des hautes classes, voilà le vrai remède.

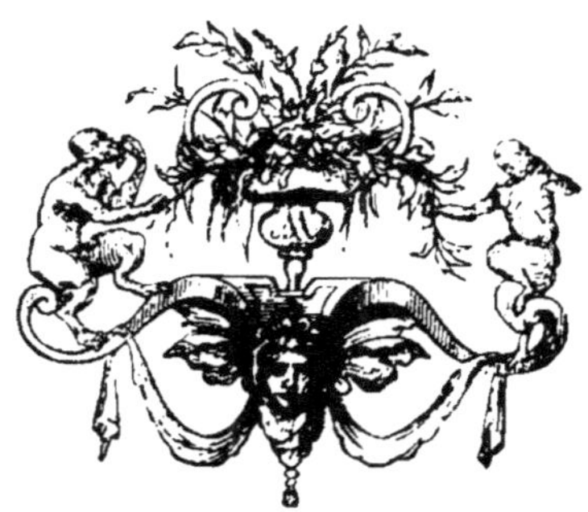

RECETTES

O formose puer, nimium ne crede colori,
Alba ligustra cadunt, vaccinia nigra leguntur.

Virgil., Egl. II, 17, 18.

O bel enfant, ne te fie pas trop à la couleur. On
laisse la blanche fleur du troëne, on cueille la
baie noire de l'airelle.

Dans la *Satyre Ménippée, ou discours sur les poignantes tra-
verses et incommodités du mariage* (Paris, Jean Millot, 1608, souvent réimprimé), l'auteur Thomas Sonnet, sieur de Courval, nous
apprend comment les femmes se faisaient des cheveux d'or.

> Nostre laide, en après, pour teindre ses cheveux
> Grossiers, gras, morcuirez, noirastres et lenteux,
> A mille inventions se montre très-active,
> Se servant dextrement de certaine lexive :
> De la fleur de genest, capilli veneris,
> Polypode, quercin, stecas et herberis.
> De la cendre qui vient des racines d'hyère,
> Des razures de bouis et de fiel de serre.
> Mélisse, cédérat, escorce de lupins,
> Pour rendre ses cheveux plus deliez, plus fins,
> Jaunastres, chastenez ou de couleur citrine,
> Semblables aux cheveux de la douce Cyprine,
> Frisez, crespillonnez, frisottez, crespillez,
> Ondelez, perruquez, retors et annelez,
> Cendrez, poudrez, musquez de poudre de violette,
> Benion, et storax, ambre gris et civette !
> Si que, allant par la ruë, elle laisse en passant
> De son chef parfumé une odeur doux-flairánt.

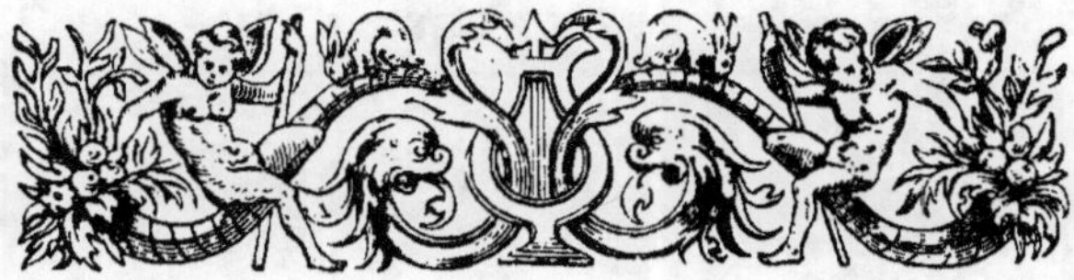

RECETTES

N° 1.

En usage à la fin du xv⁰ siècle, citée dans un manuscrit petit in-8, caractères gothiques, ainsi désigné : *Consilii Eggerrimi Johannis Marci de Parmà.*

Texte.

Ad faciendum capillos aureos.

Rec. lixivium de cinere buxi, et valet.

Item recipe paleam ordei et per unum diem coque et fac ex aqua illa lixivium cum isto cinere et pone intus de flore nucis et de remis arboris et dimitte per unam noctem. Et in crastino die caput lava, et habebis capillos aureos.

Traduction.

Pour se rendre les cheveux dorés.

Faites une lessive de cendre de buis et c'est bien. Prenez de la paille d'orge et faites bouillir pendant un jour. Faites une seconde lessive avec cette eau et cette cendre. Jetez dedans de la fleur de noyer et quelques feuilles de l'arbre. Laissez infuser pendant une nuit. Le lendemain, lavez-vous-en la tête, vous aurez les cheveux dorés.

N° 2.

GIOVANNI MARINELLO (page 87).

TEXTE ITALIEN.

I capelli, come biondi si facciano.

1°

Biondi favànosi i capelli rostri; se bollirete in acqua chiara cenere di vite con paglia d'orzo, fusceto nominato da alcuni fasano, con legno di liquirizia netto dalla prima scorza, et trito, et con uno cedro. Fatta la lissia colatela, et lavatevi appresso il capo, et lasciate i capelli seccare per se medesimi; operate spesso questo bagno : che gli capelli saranno lucenti, et simiglianti a fila d'oro. Ma sono molte Donne, che ne hanno esperimentato un modo bellissimo, il quale elle si tenevano caro molto, il quale è,

2°

Trovano buona quantità di bosso raso, stecade, cedro, legno di liquirizia trito, radice di unghia cavallina, capelvenere, e un pochetto di zafferano, ripongono in

Nᵒ 2.

RECETTES DONNÉES PAR G. MARINELLO.

TRADUCTION.

Comment on se rend les cheveux blonds.

1°

Vous vous rendrez les cheveux blonds en faisant bouillir dans de l'eau très-claire de la cendre de vigne, avec de la paille d'orge, du fusain[1], du bois de réglisse dépouillé de sa première écorce et broyé avec un citron. Tamisez la lessive qui en résulte dans de la toile, lavez-vous ensuite la tête, laissez les cheveux sécher d'eux-mêmes, renouvelez souvent cette onction, et vos cheveux deviendront brillants, et pareils à des fils d'or. Mais il y a des femmes qui ont fait l'expérience d'un moyen excellent et dont elles paraissaient faire grand cas, le voici :

2°

Elles prennent une bonne quantité de sciure de buis,

---

1. C'est-à-dire du bois dont on fait le fusain ; l'*Evonymos europea* de Linné ; arbrisseau qui croît le long des haies. Son fruit est rouge.

acqua pura tutte queste cose al fuoco tanto che la terza parte dell'acqua sia consumata. Colanola poi et si lavano il capo : et quando si scingano al sole, bagnano il pettine nella lissia, et con quello si acconciano i capelli : io per niuna cosa del mondo vi havrei tacciuto tanto segreto ; perciocche, lasciamo stare il biondeggiare, ma egli fa li capelli spessi, et lunghi, et rimove que' nodi, che gli stracciano. Hora, poi che saranno secchi, voi con le vostre delicate mani soavemente ugnerete quelli con oglio di rossi di ova. Il quale, se io non m'inganno, in altro luogo mi credo di havervi dimostrato come si faccia. Ma seguitiamo il ragionamento nostro : conciossia che molte altre piacevoli composizioni ci siano da dire.

3°

Si che appiccate fuoco in un fascio di legna di vite, et abbrusciatelo. Dipoi fate passare la cenere per uno sottile vallo, et in alcuno piccolo sacco servatela. Appresso pigliate una olla ben purgata, et netta ; et nel fondo di quella ponete paglia di orzo, et sopra la paglia tre dramme di foglie di mirto, tre di bosso raso, altrottanto zafferano, cumino, et alcanna. Il cumino porrete in alcuno sacco largo in maniera, che cuopra tutta la olla. Sopra queste cose in tal guisa disposte gittate lissia fatta con la cenere avanti mostrata, che bolla : della quale vi lavate il capo benissimo, et in luogo di sapone

de stéchas [1], de citron, de bois de réglisse pilé, de racine de tussilage [2], de l'adiante [3], et un peu de safran; ayant mêlé ces ingrédients dans une eau pure, elles les laissent à l'action du feu, jusqu'à ce que le tiers environ de l'eau soit évaporé. Elles s'en imprègnent la tête, et pendant qu'elles la laissent sécher au soleil, elles ont soin de baigner dans cette liqueur le peigne dont elles doivent se servir ensuite pour se coiffer. Pour rien au monde je n'aurais manqué de vous faire part d'un tel procédé, parce que, sans parler même de la vertu qu'il a de *biondeggiare*, de blondir, il rend les cheveux plus fournis, plus longs et les délivre des nœuds qui trop souvent les cassent. Une fois qu'ils sont bien secs, que vos délicates mains les imbibent d'huile de jaunes d'œuf. Je vous ai dit, si je ne me trompe, dans un autre endroit, comment il faut s'y prendre. Mais poursuivons notre discours, car nous avons encore bien d'autres compositions à faire connaître.

3o

Brûlez un fagot de sarments, faites-en passer la cendre au tamis, mettez-la dans un petit sac de toile. Après quoi, ayez un vase en terre des plus propres, au fond duquel vous mettrez de la paille d'orge, et par-dessus la paille, trois drachmes de feuilles de myrte, trois de sciure de buis, autant de safran, de

---

1. Plante aromatique d'une saveur âcre.

2. Plante commune dans les endroits marécageux; vulgairement nommé *Pas-d'âne*.

3. Plante à filaments très-fins; vulgairement, *Cheveu de fontaine*.

usate lo allume scagliolo ottimamente stropiciandovi. Ma io non intendo che vi laviate il giorno seguente, a fine che la compositione detta habbia presa virtù. Bagnate, et lasciate i capelli seccarsi da se medesimi. L'altra mattina, per alcuna via trahete l'acqua dal vaso fin che uscisca chiara, et di quella li vi bagnate. Da cosi fatta acqua si move occulta virtù, et grandissima di rendernegli tali, che sembrano oro. Ma quanto più si parla de' segreti della natura, tanto più a chi vuole le sue cose ben riguardare, ne resta a potere dire; il che piacendo a voi, che sopra ciò ragionando si discorra, aggiugnerò alcune altre leggiadre maniere di cose, le quali io aviso, che vi dovranno piacere.

4°

Trovate un' oncia e mezza di lupini, una di mirrha, mezza di stafisagria, et mezza di feccia secca di vino bianco, infondete tutto in acqua, nella quale sia bollito alquanto di cenere di vite. Quivi si stiano per una notte, et la mattina vegnente bagnatevi con diligenzia

cumin [1] et de fleur de cyprès [2]. Vous mettrez le cumin dans un sac assez large pour qu'il couvre entièrement le vase : sur le tout, et avant qu'il ne bouille, jetez la cendre de sarment désignée plus haut ; lavez-vous-en fortement la tête ; au lieu de savon, usez d'alun et frottez-vous avec le plus grand soin. Mais il ne convient pas de vous nettoyer la tête le jour après, il faut que la composition ait tout le temps de faire son effet. Baignez vos cheveux, laissez-les sécher d'eux-mêmes. Le matin suivant, par quelque moyen, faites que l'eau demeurée dans la cornue sorte bien claire, et baignez-vous-en la tête, car à cette eau ainsi préparée, je reconnais une vertu telle que je la crois propre à rendre vos cheveux semblables à la couleur d'or. Mais lorsqu'on se prend à parler des secrets de la nature, on n'a jamais fini, si l'on veut regarder de près à toutes ces choses, de sorte que, s'il vous plaît que je continue, je vous initierai encore à d'autres belles inventions, et m'est avis que vous les aurez pour agréables.

4°

Prenez une once et demie de lupins [3], une de myrrhe, une demie de staphisaigre [4], une demie de lie sèche de

1. Plante officinale de la famille des Ombellifères. Ses graines sont stimulantes et carminatives. Les peuples du Nord aromatisent leur pain, et les Hollandais leur fromage avec du cumin.

2. *Alcanna*. Ce nom vient de l'arabe, *alkânna*. Cyprus apud Græcos, ligustrum apud Latinos. Voyez l'*Antidotarium* de Jean Mesue. *Lyon*, 1546.

3. Plante herbacée ou frutescente, de la famille des Légumineuses, commune dans les champs de blé, et reconnaissable à une enveloppe qui rappelle beaucoup la gousse des fèves.

4. Plante de la famille des Renonculacées, espèce de pied d'alouette, vulgairement appelée *herbe aux poux*.

capelli, essi faranno vergogna a' fili d'oro. Il valore de
lupini è maraviglioso a cotale proposta, et mi ha alla
memoria tornato uno ottimo et agevole medicamento,
il quale è,

5°

Che frangete lupini, et in acqua ben calda fategli
macerare con salnitro per due hore; fregatevi appresso
i capelli con diligenza, et pettinategli, che ne verranno
biondi molto. Costume conforme servera quello, che
viene appresso.

6°

Trate di alcuno vasello secca feccia di vino bianco, et
quella abbrusciate in qualche vaso, di poi trita diligentemente meschiate con oglio balanino. Ugnetevi al sole
pettinando i capelli. Farà simile servigio il presente:

7°

Quando le pioppe spuntano nella primavera quegli
occhi, donde nascono le foglie, di quelli cogliete, et per
due oncie di loro pigliate da otto infino a dodici di
oglio, nel quale gli cuocete tanto, che diventino spesse
alquanto. Guardatelo al sole in alcuna guastadetta, et
usatelo, saranno per cotal oglio in brieve gli capelli

vin blanc ; infusez le tout dans une eau que vous aurez
fait bouillir avec de la cendre de vigne. Laissez la chose
infuser toute une nuit, et le matin suivant, baignez
vos cheveux ; vous les obtiendrez si blonds qu'ils
feraient honte aux fils d'or. La vertu des lupins est
merveilleuse pour cet objet, et il me vient à la mémoire
un autre moyen vraiment parfait :

5o

Cueillez des lupins, et faites les macérer deux heures
durant avec du salpêtre, dans une eau très-chaude ;
frottez-vous ensuite les cheveux avec cet électuaire,
peignez-les en les imbibant, ils deviendront très-blonds.

Voici quelque chose qui ne vous sera pas d'une moindre utilité :

6o

Extrayez de quelque bouteille de la lie sèche de vin
blanc et brûlez-la dans un vase ; puis quand elle est soi-
gneusement pilée, pulvérisée, faites-en une mixture avec
de l'huile de baleine ; pratiquez vos onctions en vous
peignant au soleil.

Vous tirerez le même service de ce qui va suivre.

7o

Lorsque, au printemps, les bourgeons du peuplier
s'annoncent et qu'ils commencent à produire ces légères poussées qui deviendront des feuilles, cueillez-en,
en, et, sur une valeur de deux onces, mettez-en huit à
douze d'huile ; faites-les chauffer au feu, jusqu'à ce que
cela devienne épais ; exposez alors au soleil dans quelque fiole ; servez-vous-en, et en fort peu de temps, par

vostri biondi et bellissimi. Di uguale virtù , anzi di maggiore conoscerete questo.

8o

Trovate spuma d'argento tanta che sia una dramma : quattro di terra creta, et una di calcina viva. Ponete tutto in acqua nella quale sia cotto un poco di melle si, che venga alla viscosità di quello : aggiugnetevi alcune foglie di bieta, et in questo stato lasciate ogni cosa tre giorni ; poi vi bagnate i capelli. Voi medesime direte di non havere veduta, ne intesa maraviglia tale ; si che malagevolmente si puo da noi conoscere le forze delle cose, se prima non ne facciamo la prova : ma pregovi, che attendiate ad uno piacevole rimedio, che m'aggrada di raccontarvi.

9°

Comprate alquanto di mirrha, et tanto sale bianco, che arrivi alla metà di quella, et riducete l'uno et l'altro in polvere, la quale temperate con oglio balanino, et ugnetevi i capelli, ma siano netti, et lavati con acqua, nella quale siano cotti lupini. Da gli effetti si conosce quanto vagliano le cose : la mirrha è uno de' grandissimi doni che ci habbia donata la madre natura, et tutti gli medicamenti ne' quali ella ha parte sono miracolosi, ma seguitiamo.

10°

Fanno i capelli somiglievoli all' oro queste cose insieme composte, pigliate tre dramme di allume di rocca, tre di sandaraca, una di zafferano, quattro di rubia, et due di cenere di vite : pestate la rubia sottilmente con

l'effet de cette huile, vos cheveux seront très-blonds et très-beaux. Vous trouverez une vertu égale, peut-être même supérieure, dans la recette suivante.

8o

Ayez de la poussière d'argent, 1 drachme; de la terre glaise, 4 drachmes; de la chaux vive, 1 drachme : mettez le tout dans une eau où ait bouilli du miel, jusqu'à ce que ce baume arrive à la viscosité de ce dernier ; joignez quelques feuilles de bette, laissez macérer tout cela, trois jours durant : baignez-vous les cheveux, et vous conviendrez vous-même de n'avoir point rencontré d'effet plus merveilleux, car il est malaisé de bien connaître la vertu des choses, à moins de les avoir éprouvées. Mais, je vous prie, faites attention à la recette suivante qu'il m'est agréable de vous présenter.

9o

Ayez une certaine quantité de myrrhe, autant de sel blanc, réduisez les deux en une poussière que vous humecterez d'huile de baleine, faites votre onction. Il importe que vos cheveux soient extrêmement nettoyés auparavant et qu'ils soient lavés avec une eau dans laquelle vous aurez fait cuire des lupins. Soyez assuré que la myrrhe est un des plus grands dons que nous ait fait mère nature, et tous les médicaments dans lesquels elle a part sont miraculeux. Mais poursuivons :

10o

Vous aurez encore les cheveux semblables à l'or, si

la cenere, et cuocete la mistura in acqua. Consumisi la metà di quella, et appresso la levate del fuoco, et spremetela colando. Gittatene quella mistura, et spargetevi entro l' aluma, la sandaraca, et il zafferano. Servate in questa maniera uno ornamento vero delle vostre bellezze in alcuna guastada grande : hora, quando vi piacerà di fare biondi i capelli, vi conviene quelli prima pettinare molto bene, dipoi bagnargli della compositione ottimamente con una spongia : appresso come rasciutti si saranno, lavargli con acqua nella quale sia bollito fien greco, orzo, cumino et sapone : non vi voglio laudare questo rimedio, perciocche voi medesime imaginare vi potete il suo valore. Ma conciossiache uno altro habbia molte cose, delle quali il detto è partecipe ; per la loro somiglianza quello vi narrerò.

11°

Cogliete due oncie di rubia, uno fascetto di politricho, uno di assenzo : mezza oncia di lupini senza il guscio, et quattro lire et mezza di acqua. Riponete ogni cosa in uno vaso vitreato per nove giorni mischiando spesso con alquanto di canna. Quindi fate, che al fuoco tanto stia, che incominci a bollire, poscia levatelo, et divenuto tepido, con una spongia in detta acqua tuffata, et alquanto spremuta, vi fregate i capelli insino a tanto che siano humidi ; come poi saranno secchi, cosi con acqua calda, nella quale sia sapone disfatto, molto bene vi lavate. Io non potrei con parole esplicarvi la bellezza, che accresceranno questi cosi fatti consigli a capelli. Ma procediamo più avanti.

vous prenez trois drachmes d'alun de roche, trois de sandaraque, une de safran, quatre de garance et deux de cendre de vigne. Pilez finement la garance avec la cendre, faites bouillir dans l'eau jusqu'à réduction de moitié. Tamisez le résidu, et mêlez-y l'alun, la sandaraque et le safran. Conservez ainsi dans une grande fiole ce réel ornement de votre grâce. Puis, quand il vous plaira de vous faire blonde, vous vous peignerez d'abord avec le soin le plus minutieux, et vous baignerez vos cheveux avec une éponge tout imbibée de cette mixture : aussitôt séchés, vous les laverez avec une eau dans laquelle aient bouilli du trèfle, de l'orge, du cumin et du savon. Je crois inutile de vous louer ce remède ; vous-mêmes pouvez en imaginer la valeur. Quoi qu'il en soit, il en est un autre qui tient beaucoup de celui-ci ; à raison de cette ressemblance, je vais vous le décrire :

110

Ayez deux onces de garance, quelques brins de polytric (sorte de capillaire) et de l'absinthe : une demi-once de lupins sans leur enveloppe, et quatre livres et demie d'eau ; mettez le tout dans un bocal en verre, pendant neuf jours, y mêlant souvent un peu de roseau. Mettez cette mixture au feu, et veillez à la retirer dès qu'elle jettera de premiers bouillons. Laissez-la tièdir, puis avec une éponge très-imbibée, puis pressurée, frottez-vous-en les cheveux jusqu'à ce qu'ils soient humides ; puis une fois secs, lavez-les avec de l'eau chaude et du savon broyé. Il me serait difficile de vous expliquer à quel point de beauté blonde arriveront vos cheveux, si vous écoutez ces conseils. Mais poursuivons.

12°

Pigliate alcanna, et secca feccia di vino, et gomma, che da pini stilla, quanto vi piace, ma in pari quantità, et alquanto di squinànte, mescolate tutte cose insieme, et fregatevene diligentemente sopra li capelli, così diven-teranno biondi, che altra cosa non vi accaderà cercare. È parimenti di non minore virtù del sopradetto il seguente :

13o

Togliete allume di rocca, zafferano, mirrha, et stafi-sàgria, et minutamente triti ponete in acqua per un dì, et una notte a macerare. Quindi il mettete sopra il fuoco tanto, che sia ben caldo, poi raffreddato alquanto con una spongia, et con uno pettine vi bagnate, et pet-tinate i capelli, et poi che saranno secchi, con oglio ba-lanino o di tartarò ugnieteveli leggermente; non pro-vaste mai il più efficace rimedio di questo : ma non perciò dobbian noi lasciare di dirne alcuno, che nella mente venuto è buona pèzza. Hora attendete.

14°

Habbiate dieci dramme di lupini sottilmente pesti, cinque di mirrha, et tre di salnitro : altrottanto di feccia di vino secca, et arsa, et lissia fatta di cenere di vite, quanto sia assai ad usare più volte. Lasciate tutte le specie contate nella lissia uno dì, et una notte, et ap-presso vi bagnate al sole, la qual cosa et seguendo questo o altro compenso sempre farete. Un altro è :

12º

Prenez des fleurs de cyprès, de la lie sèche de vin, et de la gomme découlant des sapins ; ayez des quantités égales, joignez autant de fleurs de souchet odorant[1], mêlez le tout. Ondoyez ensuite vos cheveux, ils deviendront si blonds que vous n'aurez point à chercher d'autre chose. Voici qui est aussi recommandable :

13º

Ayez de l'alun de roche, du safran, de la myrrhe, de la staphisaigre, minutieusement broyés ; laissez reposer dans l'eau, un jour et une nuit. Puis mettez au feu ; à un certain degré, retirez, et laissez refroidir ; puis, tant avec l'éponge qu'avec le peigne, humectez vos cheveux. Lorsque vous les croirez secs, vous les oindrez légèrement avec de l'huile de baleine ou de tartre. Il vous arrivera rarement de disposer d'un moyen plus efficace ; je ne laisserai cependant pas de vous en dire un autre.

14º

Ayez dix drachmes de lupins très-finement pilés, cinq de myrrhe et trois de salpêtre, autant de lie de vin sèche et bien brûlée ; assez de lessive de cendre de vigne pour en user plusieurs fois. Laissez tous ces ingrédients se confire dans la lessive un jour et une nuit ; baignez ensuite vos cheveux au soleil. Encore cet autre moyen :

---

1. Genre de plante de la famille des Cypéracées, à fleurs disposées en épillets ou petits épis allongés et comprimés. On fait dans certaines contrées une sorte d'orgeat, en broyant les tubercules du souchet dans de l'eau avec du sucre. Les tubercules du souchet comestible sont connus en pharmacie sous le nom d'abélésie.

15°

Che cogliete fiori di verbasco, quanti potete con mano tenere, due ončie di seme di fien greco; uno pugno di cenere fatta di vite, et di legno de hedera per ciascuno. Bollite tutte cose in dieci lire di acqua piovana tanto, che la metà si dilegui; colatela appresso, et gittata via la mistura v'aggiugnete quattro lire di finissimo sapone, et due dramme di zafferano; lasciatela al sole per tutto il mese di Maggio, meschiando ogni dì con un picciolo legno. Con tale unzione fregatevi i capelli al sole, che di ciò ne sarete le più liete donne del mondo, tanto biondi et lucenti apparanno. Le cose giovevole et eccelenti non si deono tenere occulte, perciò che si nuoce al più delle genti, et perciò non mi piace, ne voglio tacervi alcune piacevoli maniere di bagni, li quali adoperando voi, vi saranno sommamente cari.

16°

Si che abbrusciate legno di hedera, et fatene cenere, della quale spargetene un pugno in acqua bollente, lasciate che si consumi la metà, et colatela. Trovate poi seme di fien greco, fiori di tassobarbasso, et di perforata, et in detta acqua fategli bollire. Lavatevi i capelli, che cosa migliore à biondeggiargli non potreste trovare, et questa:

17°

Bollite in lissia fatta di cenere di vite, fiori di verbasco, stecade, rasura di legno di rusco, et radici di celidonia fino che la terza parte sia venuta al niente, della quale lavatevi bene, che darà a' capelli colore bianco, et di oro.

15º

Cueillez des fleurs de bouillon blanc tant que votre main en pourra tenir, deux onces de graine de trèfle, prenez une poignée de cendre de vigne et de bois de lierre; faites bouillir le tout dans dix livres d'eau de pluie jusqu'à réduction de moitié. Tamisez et joignez quatre livres de savon le plus fin et deux drachmes de safran ; exposez au soleil pendant tout le mois de mai, en ayant le soin de délayer et remuer chaque jour la mixture. Pratiquez les onctions en plein soleil, vous en deviendrez les plus heureuses femmes du monde, tant vous serez blondes et brillantes.

16º, 17º, 18º, 19º, 20º, 21º, 22º.

Ainsi que nos lectrices en peuvent juger, les recettes fournies par Giovanni Marinello sont variées. Nous en sommes à la seizième et si nous devions traduire littéralement le reste de ses inventions et discours , nous atteindrions jusqu'au nombre vingt-six inclusivement. Évitons ces longueurs, et résumons en termes précis les recettes qui nous paraissent les plus praticables et qui étaient le plus en réputation ; mais nous ne négligerons pas de traduire textuellement la recette 24, indiquée comme la plus efficace et la plus usitée chez nos Vénitiennes. A de rares exceptions près, c'est toujours la même méthode, et nous voyons souvent rappelés les ingrédients et les matières qui nous sont déjà familiers. Ici, au lieu de cendre de sarment, c'est de la cendre de bois de lierre, de la sciure de bois de

18º

Similmente è ottima medicina a ciò la lissia composta di cenere di vite, et colata. Nella quale voglio che dissolviate alquanto di zafferano, et di sapone, la quale se seguirete, non vi sarà bisogno altro. Facile, et ottima eziandio, è la seguente.

19º

Cuocete in lissia di cenere di vite lupini, et pulegio; et di questa lavatevi i capelli molto bene, che diveranno bellissimi et biondi, et se vi piacesse di accrescere loro bellezza, et splendore, scingandovi al sole, et pettinandovi con la mano unta d'alcuno delli contati rimedii, ovvero di quello che segue, vi fregate.

20º

Pigliate tartaro di vino vecchio, et abbrusciatelo in qualche vaso. Dipoi riponetelo in oglio balanino, et insieme tanto pestate, che divenga simile ad una salsa spessa, per se medesima questa unzione è valorosissima, ma vedete voi che farà, havendovi davanti lavate. Non so, se havete a mente la virtù del mele stillato in altra parte per me dimostrato? L'acqua che stillerà dal melle, che porrete a lambiccare è la migliore del mondo da ciò perchè molto vi conforto ad haverla; che non potete migliorare, ma il *lardo* altresi lambicato, dove è egli? et il modo di lambiccarlo vi ho insegnato io. Egli è cosa maravigliosa, et grande l'opera di quello, ma udite una distillazione, il cui valore a raccontarvela m'induce.

houx, des racines de chélidoine[1]. Un moyen plus simple (le plus simple peut-être) était celui qui consistait à dissoudre un peu de safran et de savon dans une lessive de cendre de vigne. Les herbes marécageuses odorantes, telles que le pouliot[2], étaient aussi recherchées ; de même les grains de tournesol, l'aigremoine[3], la racine de saule mêlée à de l'aloès, le safran et la rhubarbe.

---

1. Il y a deux sortes de chélidoine. Celle dont il est question ici est une plante fibreuse, jaune à l'intérieur, rouge au dehors.

La chélidoine, dont le nom vient de χελιδών, [hirondelle, parce qu'on a prétendu que cet oiseau guérissait la vue à ses petits avec cette herbe, est une plante de la famille des Papavéracées, qui a pour type la Grande Chélidoine que nous venons de désigner, et qui avait reçu le nom vulgaire de *Grande Éclaire*, parce qu'elle était usitée contre les ophthalmies.

2. De *pulex*, puce, parce que, dit-on, l'odeur de cette plante chasse les puces. C'est une herbe aromatique du genre des menthes.

3. Plante herbacée de la famille des Rosacées, à fleurs jaunes ou blanches, disposées en épis et supportées par des pédoncules très-courts. On l'a beaucoup employée en gargarisme contre les maux de gorge.

21°

Ponete in latte di donna, che nutrisca un fanciullo maschio una buona quantità di seme di mirasole, et quivi il lasciate dieci giorni. Dipoi pestatelo ottimamente, et con alcuno torchio ne spremete oglio, nel quale cuocete oro tirato in foglie bolliendo pianamente fin che cominci a divenire spesso, le virtù di quest' oglio sono grandissime, perciocche con quello vi ugnerete i capelli, vi mostrerano finissimo oro. Oltre a ciò, se vi bagnarete la faccia alquanto fregando, in guisa diventerà pulita et bella, che cosa divina sembrerà.

22°

Fannosi biondi per se medesimi in una notte così: Pigliate fusti con le radici di verze ocanli, che diciate, et abbrusciategli, con la cenere fatene lissia: nella qual poi bollite uguale parte di agrimonia, et di radici di salice con un poco di aloe. Levata dal fuoco spargetevi entro alquanto zafferano et di reubàrbaro pesti, et mischiateli, quindi appresso vi lavate il capo la sera, et con un panno caldo involto li troverete la mattina biondissimi.

23°

In altro modo, pigliansi otto oncie di allume di feccia, una lira di centaura, tre oncie di gomma arabica, tre di amido, una di sapone bianco, et una lira di acqua di fiume, et insieme le mischiate, dipoi faretele bollire tanto che si consumi la quarta parte. Come vi havrete lavato il capo, stando al sole, con una spugna vi andate bagnando di detta acqua.

23⁰

Huit onces d'alun, une livre de centaurée, trois onces de gomme arabique, trois d'amidon, une de savon blanc et une d'eau de rivière; le tout mêlé, mis au feu jusqu'à réduction du quart, composait une recette excellente. Ainsi que pour la plupart des autres, l'emploi devait nécessairement s'en faire au soleil le plus ardent.

Traduisons religieusement la recette vingt-quatrième, indiquée comme si fort connue et pratiquée à Venise—*che le donne Venetiane usano.*

24°

Puossi finalmente comporre altre maniere di cose le quali rendano biondi molto li capelli, tra le quali una o due mi piace di recitarvi, che le donne Venetiane usano, siccome è : Trovate una buona *inghistara* di quell' acqua di sapone, con che si fanno bianche le sete : mettetela in una piccola stagnata ben netta, et fatela bollire con un poco di allume di feccia tanto che voi potreste dire un *Pater noster*. All' hora vi aggiugnete due oncie di piombo brusciato, et pur lasciatela bollire tanto, che, havendovi messa entro una pezza di panno bianco di lana, venga negra : poi levatela dal fuoco, et lasciatela raffreddare, et appresso la riponete in alcun fiasco di vetro, con due oncie di sapone damaschino grattugiato, et guardatelavi al sole; quando ne la vorrete usare, andatevi bagnando i capelli con una spugna al sole, che in termine di un hora vi diveranno biondi, come fili d'oro; ma se desideraste di haverli rossigni, non vi asciugate del tutto al sole ; anzi ve gli invogliete al capo, come havrete in parte levata via la humidità, et se voi per l'età gli haveste bianchi, et foste desiderose che vi venissero rossi, o rossigni, pigliate di questa composizione, et ben calda ve ne gittate una scodella su capelli pettinandogli, acciocchè l'acqua si sparga per tutto igualmente, et poi che saranno alquanto rasciutti, gli vi rivolgete al capo, et così diventeranno rossi, da che potete comprendere quanto vaglia la bionda usata dalle donne Venetiane, le quali non voglio, che crediate che solo questo modo tengano in biondeggiare i capelli. ma infiniti : tra quali pure il seguente è uno, et molto facile.

24°

Prenez une bonne mesure de cette eau de savon, dont on use pour blanchir la soie ; mettez-la dans un vase d'étain de la plus grande propreté, faites-la bouillir avec un peu d'alun, environ le temps que vous mettriez à réciter un *Pater*. Ajoutez alors deux onces de plomb brûlé, et laissez le tout bouillir jusqu'à ce qu'un morceau d'étoffe blanche que vous y introduirez devienne noir : laissez refroidir. Ensuite, vous transvasez dans un flacon de verre , ajoutez deux onces de savon de Damas en poudre, et tenez le tout au soleil. Quand vous voudrez en faire usage, vous vous baignerez les cheveux avec une éponge imbibée de cette excellente mixture, et en moins d'une heure vos cheveux deviendront aussi blonds que des fils d'or. Si vous préférez les avoir roux, ne les séchez pas tout à fait au soleil, mais roulez-les autour de la tête, lorsque vous leur aurez seulement enlevé un peu de leur humidité. Vous, qui les avez blancs, à raison de votre âge, et qui êtes désireuse de les avoir roux, usez de cette composition, répandez-en une certaine quantité très-chaude sur votre tête au fur et à mesure que vous vous peignez, faites que l'eau se répande et pénètre bien également ; dès que vos cheveux seront secs, roulez-les, et vous les aurez roux. Vous pouvez juger par là de toute la valeur de cette *bionda* employée par les dames vénitiennes.

Quant à cette nuance vaporeuse, lactée, d'un blond clair et transparent, atteignant presque aux teintes blanches, nuance particulièrement en faveur chez le peintre Paris Bordone, la recette 25 de Marinello nous semble en livrer le secret.

25°

Fate scaldare acqua, et come bolle, così vi gettate cenere di legno forte, et non di salice, ne di pioppa, lasciate consumare la terza parte dell' acqua, et poi la spiccate dal fuoco, et lasciatela farsi chïara : ponetela all' hora in alcuna inghistara al sole con due oncie di sapone damaschino grattugiato, et ve ne valete, come habbiamo mostrato dell' altra. Vi renderà così biondi i capelli , che parranno bianchi. Sono alcune che vi aggiungono alquanto di allume di feccia insieme col sapone, acciocchè sia più efficace.

26°

Similmente ponete sopra una pezza di tela a due mani piene calcina viva, et suso la calcina altrottanto cenere, et più. La pezza sia posta in uno colatoio, et questo in alcuno vasetto da bucato : gettatevi acqua ben calda, anzi bollente, et per una notte fatela stare col vaso ben coperto: la mattina appresso tratene l'acqua per la spina fino che n'esca chiara, et in alcuno vaso di vetro la tenete al sole, usandola secondo che si è detto delle due davanti; ma la presente è differente da loro in questo : che se ne può fare per sei mesi in una volta, siccome quella, che si conserva assai tempo, et fa gli effetti, che li raccontati rimedij.

25°

Faites chauffer de l'eau; au moment où elle va bouillir, jetez-y de la cendre de bois fort: du chêne, du frêne, par exemple, non du saule ou du peuplier; le tiers de l'eau évaporé, retirez du feu et laissez déposer; la mixture ainsi clarifiée, exposez-la au soleil dans quelque fiole spéciale, avec deux onces de savon de Damas en poudre, et usez-en selon que nous vous l'avons dit plus haut. Vous obtiendrez que vos cheveux deviennent blonds au point de paraître blancs. Quelques personnes ajoutent de l'alun, ainsi que du savon, pour rendre l'effet plus efficace encore.

26°

Mettez sur un morceau de toile deux poignées de chaux vive, et sur cette chaux autant de cendre, et même plus. Placez la toile sur un tamis, et ce tamis sur un bocal; jetez de l'eau très-chaude, même bouillante, et laissez ainsi pendant une nuit, ayant soin que le bocal soit bien couvert. Le jour après, extrayez l'eau, faites qu'elle soit bien claire, et tenez-la au soleil dans un vase de verre, et servez-vous-en comme nous avons dit plus haut que les Vénitiennes en usaient. Il y a toutefois cette différence dans cette mixture que vous pouvez en faire pour six mois, en une seule fois, attendu qu'elle se conserve très-longtemps, et que les effets en sont aussi heureux que ceux de toutes les autres recettes précédemment indiquées.

N⁰ 3.

LEONARDO FIORAVANTI (page 96).

RECETTES.

Del modo di fare biondi i capelli.

Un altro facilissimo, et bellissimo secreto da fare i capelli et la barba bionda, il quale è questo, cioè : Piglia salnitro, aluma di rocca, vitriolo et solo una libra, aloe patico oncie 4 et zafferano oncia 1, curcuma oncie 2 et tutte le sopradette cose sieno benissimo pestate insieme et messe dentro di una boccia con il collo lungo, et dipoi vi metterai il suo capello, et recipiente, et accomodalo sopra un fornello, et dali fuoco, fino a tanto che sia uscita tutta la sostanza, et poi piglia della detta distillazione libre 2, vin bianco dolce lib. 4, mele comune oncie 4, et poni tutto insieme dentro un vaso di vetro, et ponilo al sole : et di quella si bagna i capelli, et la barba, et diventeranno biondi et belli. Et questa sorte di bionda usava la signora Giovanella moglie di Don Filippo dalla Rocca, Messinese, et tesoriero del Regno

Nᵒ 3.

RECETTES DE L. FIORAVANTI.

TRADUCTION.

Du moyen de se rendre blonds les cheveux.

Une autre recette, très-facile et d'un magnifique résultat pour se rendre les cheveux et la barbe blonds, est la suivante :

Prenez du salpêtre, de l'alun de roche, du vitriol et du soufre, une livre; de l'aloès, quatre onces; du safran, une once; citrouille, deux onces; mêlez et broyez parfaitement, mettez le tout dans une cornue bien fermée ayant son récipient; placez sur un petit fourneau et laissez jusqu'à ce que toute la substance en soit extraite; ajoutez, à deux livres de cette distillation, quatre livres de vin blanc doux et quatre onces de miel commun. Enfermez dans un vase de verre; exposez au soleil. Baignez avec cela vos cheveux; vous les aurez blonds et très-beaux. C'était cette *bionda* dont usait la signora Giovanella, femme de Don Philippe dalla

di Sicilia, et per servirsene essa, molte altre signore l'usavano [1].

De modo di fare bionda per i capelli alla Napolitana.

La bionda che usano la maggior parte delle signore Napolitane è questa , cioè : Piglia lissia fortissima libre 12 et dentro metti oncie 12 di tartaro calcinato, legno di hedera tagliato minuto libre 2, paglia di orzo lib. 1, et tutte le sopradette cose siano messe dentro una boccia benissimo ottavata, et messe al sole per alquanti giorni, et quando tal bionda si vuole operare, bisogna che i capelli siano benissimo lavati con lissia et sapone, et poi benissimo asciutti, et con quella bagna·li et stare al sole, et in due over tre volte diventeranno biondi bellissimi, et di colore molto dilettevole da vedere, et questo è bellissimo, et nobilissimo secreto di bionda [2].

Del modo di fare un' altra bionda, che si usa à Venetia.

A Venetia si fà una sorte di bionda, la qual è bellissima, et fa i capelli quasi bianchi, et di questo colore si dilettano molto le gentildonne Venetiane : et la detta bionda si fà in questo modo, cioè : Si piglia di quella

---

. 1. Cap. xvii. — 2. Cap. xviii.

Rocca, Messinois et trésorier du royaume de Sicile; et comme elle en usait, beaucoup d'autres dames s'en servaient pareillement.

Du mode de se blondir à la napolitaine.

La *bionda* dont use le plus grand nombre des Dames napolitaines est celle-ci : Prenez douze livres de lessive très-forte, mettez dedans douze onces de tartre calciné, deux livres de bois de lierre coupé menu, une livre de paille d'orge; le tout, dans un vase de verre hermétiquement fermé, et exposé au soleil pendant plusieurs jours. Pour user de cette mixture, il faut avoir préalablement bien passé vos cheveux au savon. Une fois qu'il seront très-secs, faites votre onction, en vous tenant au soleil; après deux ou trois reprises, vos cheveux deviendront du plus beau blond, et d'une nuance des plus agréables. C'est une des plus belles et des plus distinguées recettes de *bionda*.

Du mode de faire une autre eau BLONDE en usage à Venise.

A Venise, on fait une sorte d'eau blonde vraiment très-belle, et qui rend les cheveux blonds très-clairs, nuance fort en faveur auprès des patriciennes de ce pays. On prend de cette lessive dans laquelle les teinturiers ont cuit de la soie, et pour chaque livre on met une once de tartre calciné, on s'en lave les cheveux, et l'on demeure au soleil jusqu'à ce qu'ils aient séché. Et comme je vous l'ai dit, les cheveux atteignent une

lissia, dove è stato cotto dentro della seta alle tentorie, et per ogni libra vi si mette oncie 1 di tartaro calcinato, che sia bianco, et con queste si bagnano i capelli, et poi stanno al sole fin che si asciugano, et di questa, come di sopra ho detto, fa i capelli biondi, che quasi più presto pendono al bianco, che altrimenti, et dipoi asciutti, se gli dà il fumo del solfo giallo, il quale li fa più biondi, et questa è la bionda, che adoperano la maggior parte delle donne Venetiane per biondeggiarsi [1].

1. Cap. xix. *Del compendio de' secreti rationali,* di M. Leonardo Fioravanti, Bolognese, pag. 197, 198, 199.

nuance de blond qui s'approche du blanc, ou, pour parler plus juste, du cendré. Une fois qu'ils sont secs, on les passe à une vapeur de soufre jaune; vous les aurez alors d'un blond plus prononcé. Telle est la mixture dont se servent la plupart des Dames vénitiennes pour se blondir.

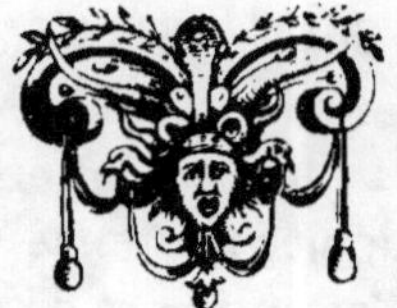

APPENDICE AUX RECETTES.

—

Malgré tout le soin que nous avons apporté dans nos recherches, nous ne saurions nous tenir pour complets d'une façon absolue, sur la matière des *Recettes* et des *Secrets* en usage au xvi⁰ et au xvii⁰ siècle ; il n'y aurait qu'un travail des plus ardus, une patience à toute épreuve qui pussent conduire au résultat d'une *bibliographie* très-exacte des livres consacrés à ces détails de toilette dont nous nous occupons. L'utilité d'un tel travail est d'ailleurs contestable, et nous croyons, du reste, avoir, pour l'objet de notre étude, consulté et informé avec plus d'attention et de scrupule qu'aucun de nos prédécesseurs en curiosité. La plupart des catalogues, des collections de manuscrits formés par les grandes maisons italiennes renferment des indications de *ricettarii* ou de *secreti* à l'usage de la beauté des dames, et conséquemment sur les divers moyens dont elles devaient user pour atteindre à ces nuances blondes tant désirées. Que prouve ce nombre de *documents* imprimés ou manuscrits ? sinon, comme nous l'avons dit, que la mode était générale ; que, de 1550 environ jusque vers 1600, en Italie, surtout à Venise, une femme quelque peu soucieuse d'élégance ne pouvait se dispenser de se faire blonde de telle ou telle teinte en vogue.

Nous avions déjà terminé notre chapitre portant pour épigraphe *Pharmacopolæ* que de nouvelles notions nous sont parvenues, et que nous avons été à même de connaître quelques manuscrits, un entre autres, dont nous aurions fait ressortir l'importance et la valeur dans le cours de nos pages, si nous l'eussions connu plus tôt. Nous voulons parler des *Esperimenti della Eccellentissima Signora Caterina di Furli*, Catherine Sforza, de si grande mémoire dans les annales italiennes au temps de l'expédition de Charles VIII en deçà des monts, cette Catherine Riario Sforza, Dame de Forli et mère du valeureux Jean de Médicis des Bandes noires. Le livre de ses *Recettes et secrets*, tenu et conservé par Luca Antonio Cuppano, secrétaire de Jean de Médicis, fait aujcurd'hui partie de la bibliothèque d'un bibliophile florentin, M. Bigazzi, et il nous a paru curieux d'y trouver mentionnée la recette des blondes comme étant d'un usage déjà habituel : or, Catherine Sforza étant morte en 15o9, après neuf années de solitude dans le couvent des *Murate* à Florence, ce n'est pas trop présumer que d'attribuer la date de 149o au recueil de la Dame de Forli, alors en sa fleur.

Les recettes n°s 78, 81, 82, 86 et 89 de son livre sont toutes inventions à employer pour se blondir ; et la célèbre formule tant répétée depuis, dans les autres *Ricettarii* « *a far capelli biondi come oro* » n'y manque point. « Prenez du cinabre, du safran et du soufre, distillez-les à l'alambic, répandez la mixture sur votre tête en vous peignant et repeignant au soleil, le peigne constamment imprégné de cette eau, laissez sécher vos cheveux au soleil, et vous atteindrez à une beauté de blond rivalisant avec l'or. » Les *Esperimenti*, comme les appelle le secrétaire Luc'antonio Cuppano qui nous en a conservé le précieux texte, n'ont jamais été imprimés ; mais nous avons la conviction que plus d'un alchimiste et d'un pharmacopole des temps qui suivirent les ont connus, et nous ne croyons pas aller trop loin en estimant que ces livrets ont été une source féconde de renseignements et de données pour tous les curieux de recettes qui ont eu communication du recueil que la Dame de Forli avait écrit de sa main. Ce n'est pas que nous voulions inférer de là qu'elle fît autorité dans l'alchimie ou qu'elle se livrât magistralement à de telles compositions ; mais il est certain qu'elle tenait note attentive et scrupuleuse de ce qu'elle recueillait de la bouche des praticiens et gens de savoir, et qu'ainsi elle a aidé à la tradition de ces faits de la vie domestique. Il paraîtrait que certaines eaux propres à embellir, citées dans son curieux répertoire, auraient acquis et conservé longtemps après sa mort une renommée transmise dans les livres sous le patronage de son nom[1] devenu classique.

---

1. Ce recueil manuscrit, possédé par M. Bigazzi, de Florence, porte, à la première page, une déclaration du secrétaire Luc'antonio Cuppano qu'il n'est sans doute pas inutile de reproduire ici, car elle est, en quelque sorte, l'acte d'état-civil du livre de la Dame de Forli :

« In nome de Dio in questo libro se noteranno alcuni esperimenti cavati da lo originale de la inllus.^ma madonna Caterina da Furli Matre de lo inllus. Joanni de Medici mio signor et patrone et per esser lo original scripto de manu propria de dicta madonna

Parmi les manuscrits du même temps que le précédent, nous pouvons citer encore, sans toutefois y attacher la même importance, un recueil de *Secrets,* expérimentés par le chimiste de la Grande-Duchesse de Florence. Nous ne saurions préciser laquelle, attendu que le manuscrit n'a point de date ; mais, à l'examen de l'écriture, on se reporte sur-le-champ au xvi° siècle, ou bien aux vingt premières années du xvii°. Les n°ˢ 64 et 65 sont consacrés aux cheveux blonds : *Libro nel quale contengono diverse sorti de secreti sperimentali* da Antonio Jacinto Talducci della Casa, chimico della fonderia di S. A. S. Mais de tels *ricettarii,* à l'usage des princesses et dames de cour, ou de quelques autres dames élégantes et recherchées, on n'aurait jamais terminé, si l'on s'imposait le devoir de les connaître tous.

Pour en finir avec les livres dits *secreti* (car c'est le mot propre beaucoup plus que celui de *ricette*), nous indiquerons ici, par ordre de dates, l'époque de la publication des livres *imprimés* traitant de ces sortes de matières.

1547. Antoine Mirauld. *Le Miroir du temps,* outre-

---

maxime quello non volea da altri se sapesse et per esser dicti libri in mio poter non me curaro durar fatiga a' rescriverli per esser tucti extimati esperimenti mirabili et per haverne da alcuno el S.ʳ mio a me factone far prova et sono verissimi dove se deve extimar lucti li altri essere veri per esser experimenctati da cusi alta Madonna et scripti de sua propria mano et perchè questi mirabili secreti non siano ascosi per me se ne tiene memoria. »

ment dit Ephémérides perpétuelles de l'air, par lesquelles sont tous les jours donnez vrais signes de tout changement de temps. Paris, 1547, pet. in-8.

Ce livre a aussi été publié, en 1554, sous le titre de l'*Astrologie des rustiques*.

Du même : *Secrets de la lune, opuscule non moins plaisant que utile sur le particulier contact et manifeste accord de plusieurs choses du monde avec la lune : comme du soleil, du sexe féminin, de certaines bestes, oiseaux, etc.* Paris, Morel, 1570 et 1571, pet. in-8.

1555. Alessio Piemontese. *De' Secreti.* Venise, S. Bordogna, 1555; Milan, 1557; Lyon, 1558, et nombre d'autres éditions. (Voir plus haut, p. 102). Voici les titres des trois traductions françaises :

— *Les Secretz du Seigneur Alexis Piémontois et d'autres auteurs bien expérimentez et approuvez, réduits maintenant, par lieux communs, et divisez en six livres.* Anvers, chez Christ. Plantin. 1557, in-4. Autre, *id.*, 1564.

— *Empirie et Secretz du Seigneur Alexis Piemontois.* Lyon, Guillaume Rouille, 1564, in-16.

— *Les Secretz, etc.*, revus de nouveau sur le dernier exemplaire italien et augmentez d'un livre de distillation non pas cy-devant imprimé. Le tout réduit en lieux communs. Lyon, Estienne Michel, 1578, in-16.

1560. BAPTISTE PORTA. *De Miraculis rerum natura-
lium,* libri IIII. Jo. Batista Porta, Neapolitano,
auctore. Antuerpiæ, ex officina Christ. Plantini.
MDLX, avec dédicace à Philippe II, roi des Es-
pagnes.

Traduction italienne : *De i miracoli et mara-
vigliosi effetti della natura prodotti.* In Venetia,
Lodovico Avanzi.

La formule donnée dans cette traduction est page 72,
chapitre xv du livre.

1560. ROSETO. *Notandissimi secreti de l'arte profumatoria,* etc. (Voyez plus haut la description en
note, page 102.)

Cet ouvrage est dédié *Alle virtuose Donne le quali
si dilettano de l'arte profumatoria.* L'auteur s'adresse
particulièrement aux Vénitiennes: *Si consacra la presente opera a laude e gloria di questa inclita et preli-
bata città di Vinegia et si celebra utile delle
gentillisme Madonne nobili sue.* C'est le livre de
Secrets le mieux imprimé et le plus soigné que nous
connaissions.

Les formules y sont pages 9, 36, 27, 31.

1561. ISABELLA CORTESE. *I Secreti ne' quali si contengono cose mirabili,* etc. Éditions vénitiennes,
1561, 1574, 1588, 1595, etc.

1562. GIOVANNI MARINELLO. *Gli Ornamenti delle
donne,* etc. Venezia, Francesco de Franceschi,
MDLXII. (Décrit précédemment page 92.)

1571. Leonardo Fioravanti. *El Compendio de' se-creti rationali.* (Voir plus haut page 100.)

1567. Jeronimo Ruscelli. *Secreti nuovi di maravi-gliosa virtù,* etc. Venezia, 1567, presso gli heredi di Marchio Sessa.

1574. Timoteo Rossello ou Rosselli. *De' Secreti universali,* etc. Venezia, 1574, presso Bariletto, et 1577, Venezia, appresso B. Miloco.

1574. Anonyme. *Le Bastiment des receptes,* traduit d'italien en françois. A Paris, chez Jean Ruelle, rue Saint-Jacques.

1629. Jacobus Weckerus. *De Secretis,* libri XVII. Ex variis authoribus collecti, methodiceque digesti et aucti. Basileæ, MDCXXIX.
Formules : pages 159 et 160, livre V.

1709. Anonyme. *Nouveau recueil de Secret₂ curieux.*
Amsterdam, chez Étienne Roger, 1709.
Formule : page 279.

Tels sont, sous toute réserve d'erreurs involontaires, les *classiques* de la bibliothèque des Blondes par artifice.

Pour avoir une idée plus complète encore du charme attaché à ces diverses nuances du blond au xvie siècle, on pourra consulter quelques-uns de ces petits livres, assez rares du reste, traitant des *couleurs,* ainsi :

Antonii Thylesii Cosentini *libellus de coloribus.* Venetiis, junio 1528. Voyez le chapitre xi, *Fulvus.*

Dialogo di pittura di messer Paolo Pino. In Venegia, per Paolo Gherardo, 1548.

Trattato de' colori di M. Coronato occolti da Canedolo. Parma, 1568.

Il mostruosissimo mostro di Giovanni de' Rinaldi : nel primo de quali si ragiona de colori, nel secondo si tratta dell' herbe e di fiori. In Ferrara, 1588, presso Giulio Vasalini. Voyez page 50.

Parcourez aussi le curieux ouvrage *Ginipedia ovvero avertimenti civili per Donna nobile,* da Vincenzo Nolsi da Fano di nuovo accresciuti. Bologna, 1689, chap. xxix, pages 265 et suiv.

FIN DES RECETTES.

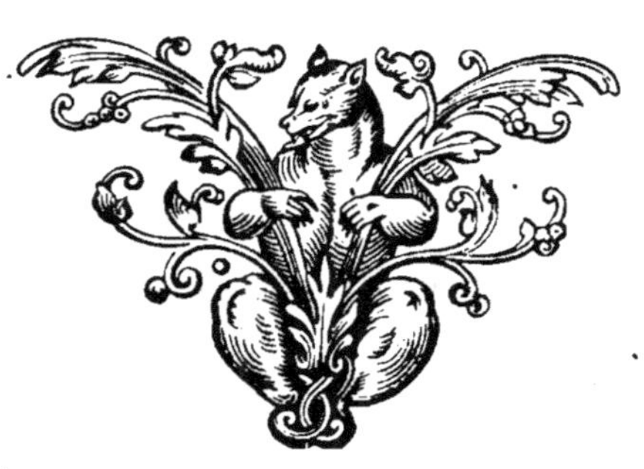

ADDITIONS ET CORRECTIONS.

Page 31.

Ce n'est pas la nièce de la marquise de Maintenon, mademoiselle de Villette-Murçay, depuis marquise de Caylus, qui a rempli pour la première fois le rôle d'Esther, dans la pièce de Racine, à Saint-Cyr, devant Louis XIV. Elle avait été chargée du prologue, que Racine avait écrit tout exprès pour elle, et ce n'est que plus tard qu'elle représenta Esther. La jeune fille qui joua ce rôle, à la première représentation, est mademoiselle de Veilhenne, « qui avoit bien de l'esprit, disent les Dames de Saint-Cyr, et une figure convenable à ce personnage. » Mademoiselle de Lastic, « belle comme le jour, » suivant Madame de Maintenon, faisait Assuérus ; mademoiselle de la Maisonfort faisait Élise ; mademoiselle de Glapion, grande et belle personne qui devint plus tard supérieure de la maison de Saint-Louis, et l'amie de confiance intime de madame de Maintenon, faisait Mardochée. « J'ai trouvé un Mardochée dont la voix va jusqu'au cœur, » s'écriait Racine. Enfin les rôles d'Aman, de Zarès, d'Idaspe, étaient remplis par mesdemoiselles d'Ablancourt, de Marsilly, de Mornay, qui étaient des personnes pleines d'agrément. (Voir les *Mémoires* de Louis Racine et *Madame de Maintenon et la Maison royale de Saint-Cyr*, par Théophile Lavallée, seconde édition, 1862, pp. 85, 86.)

Page 51. Premier vers du sixain, à la note :

> *Cy finit,*
> lisez : *Cy finit.*

Page 81, ligne 19 de la note :

> *tralate d'ytalie en frãçois,*
> lisez : *trãlate dytalie en frãçois.*

Page 94, premier mot de la note :

> *Euminare maius.*
> lisez :   *Luminare maius.*

Page 103, avant-dernière ligne :

> *Il ne donne que vingt-six à vingt-sept recettes,*
> lisez :   *Six à sept recettes.*

Page 109, ligne 13 :

> *pour la plupart passé par là,*
> lisez :   *pour la plupart, passé par là.*

Page 181, première ligne :

> *Isabella Cortesse.*
> lisez :   *Isabella Cortese.*

Page 183, ligne 20 :

> *quintescence ne sont, en somme qu'un seul.*
> lisez :   *quintessence ne sont, en somme, qu'un seul.*

Page 262, ligne 22 :

> *que nul ne pourrait...*
> lisez :   *que nulle femme ne pourrait...*

TABLE ALPHABÉTIQUE

DES MATIÈRES

FIN DE LA TABLE ALPHABÉTIQUE.

ACHEVÉ D'IMPRIMER

Pour la première fois à Paris

CHEZ BONAVENTURE, DUCESSOIS ET CIE

le 15 novembre 1865.

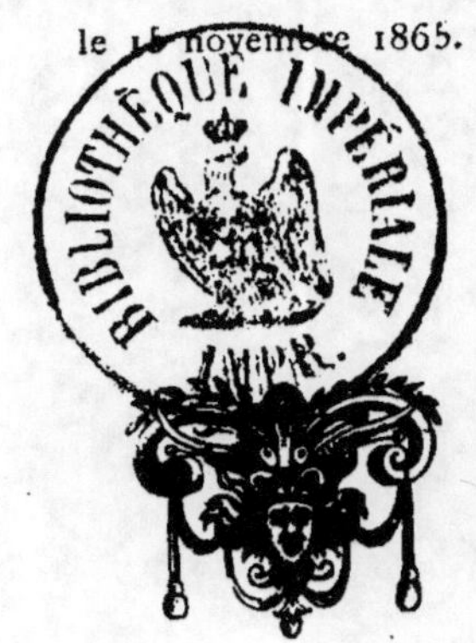